突然の葬儀マニュアル

看取りの瞬間から
四十九日法要まで、
万が一の〝その時〟に
困らないための一冊

土屋書店

突然のことでも
後悔しないために！

ある日突然の出来事だった…

親切なまわりの方々のおかげで

たんたんと、段取りよく事が進み…

この度はたいへんでしたね。お疲れさまでした。
お世話になりました。
おかげ様でいいお葬式になりました…。
と、安堵もつかの間。
早速ですが請求書です。よろしくお願いします！
ヒエ〜ッ
ギョッ！
なんだ、この金額は！
話が違うじゃないか！

こんなことがないように

葬儀社選びのポイントから通夜・葬儀告別式・四十九日法要まで、わかりやすく解説！

はじめに

大切な家族が臨終を迎えたとき、悲しみにうちひしがれながらも、死亡届、葬儀や供養をはじめ、さまざまな手続きに翻弄されてしまいます。

こんなとき、隣近所と親戚のような付き合いをしている地域ならいろいろ助けてもらえることも多いのですが、都会化した街では、あれもこれも、すべて遺された家族が行なわなければなりません。

しかも、近年の高齢化社会では、還暦を迎えた世代の人が初めて親の死に直面して戸惑ってしまうという状況が珍しくなくなっています。

急に喪主の役割を努める場合、十分な準備のないまま判断することとなり、後悔することも少なくありません。

たとえば、葬儀は大きなお金がかかるだけに、慌てて決めてしまったり、葬儀社に言われるまま判断してしまうのは考えものです。故人にふさわしく、遺された家族にとっても納得できるものにするのは当然のことですが、その中に、経済的な意味で合理的な考え方を入れるのも、今の葬儀では必要なことなのです。

本書は、突然の不幸に直面して、どうしていいのかわからずにとまどう方たちが、ご家族とのお別れの際に後悔しないよう、大切な知識や情報を伝えるために制作いたしました。〝その時〟にするべきことや、知っておかなければならない大事なポイントなどを時系列にまとめ、できるだけわかりやすく紹介しています。

また、お通夜や葬儀、お墓を決めるときのガイドも加えています。ぜひお役立てください。

冠婚葬祭研究委員会

―― 目次 ――

臨終の時の行動学

遺体の搬送と安置

第二章

生命保険請求、故人名義の銀行口座の凍結…
すぐにやらなければいけないお金のことを考える

第三章

新盆・お彼岸・一周忌

春と秋のお彼岸 119

一周忌の法要の準備と手順 121

三回忌法要とそれ以降の法要 124

第四章　後悔しないための遺産相続の基礎知識

第五章　お墓を建てる

お墓の心配がかたずけばホッとひと段落　140

墓地のいろいろ　141

巻頭ガイド

いますぐ使える！

看取りから四十九日法要までの必要な手続き

※葬儀の準備に入る前にご覧ください。

巻頭ガイド

いますぐ使える、看取りから四十九日法要までの必要な手続き

突然のことでもあわてないために、葬儀の流れを理解することから始めましょう

死期が迫ったら（余命宣告）

くわしくは P42・P60

危篤になる前に葬儀社を検討しておく

突然倒れて昏睡状態になってしまい、そのまま……という状況では無理ですが、できれば、危篤の状態になる前に葬儀社を選び、費用や葬儀の段取りを確認しておきたいものです。看病しながら、亡くなった後のことや葬儀のことを考えるのはとても酷なことですが、臨終を迎えたら、すぐに葬儀社の力が必要になります。

危篤に陥ったとき

くわしくは P43

家族、親族、友人知人など会わせたい人に連絡をする

家族はもちろん、近親者、本人の友人・知人など、知らせるべき人、つながりの深い人にすぐに連絡をします。

あわてない

自宅や仕事先で危篤の知らせを受けたとき、あわててクルマで病院にかけつけようとして事故を起こすことが少なくありません。気が動転しているときこそ落ち着いて行動するように、何度も自分に言い聞かせてください。

◁

臨終を迎えたら

くわしくは
P46・P49

末期の水、遺体の処置、死化粧、着替え

医師が死亡を確認したら、「末期の水（死に水）」をとり、看護師さんが遺体の清拭や詰め物、衣服の着替えや死化粧といった、いわゆるエンジェルケアをしてくれます。

◁

宗教家に連絡する

くわしくは
P51

菩提寺があれば住職に連絡する

菩提寺がある場合は、看護士さんが遺体の処置をしてくれている合間を縫って住職に連絡し、枕経（まくらぎょう＝ご遺体を自宅に

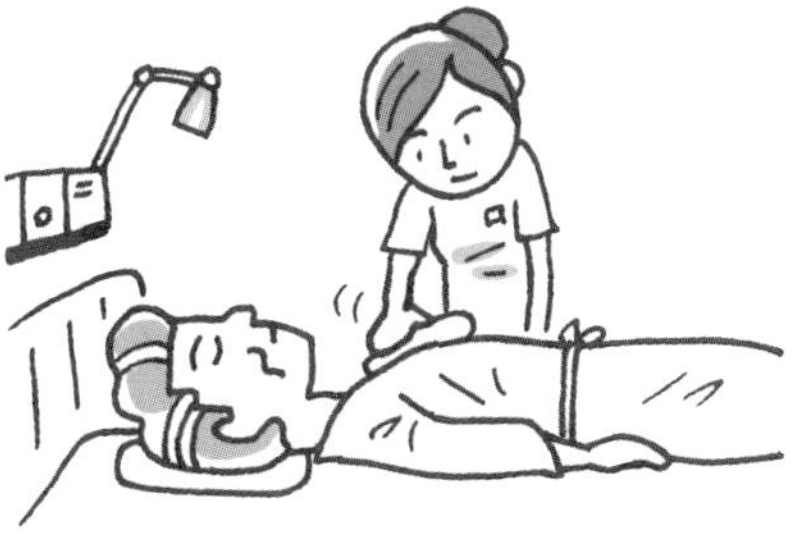

安置して、遺体の前であげるお経）の依頼をします。このとき、戒名の相談もしておきましょう。キリスト教の場合は、所属している教会に連絡しておきます。

菩提寺がなく、特定の宗教を持たない場合で、一般的な仏式に乗っ取った形で葬儀を行なうのなら、お寺さんを葬儀社などに紹介してもらうといいでしょう。

遺体が霊安室に移されたら

病院で**死亡診断書**を受け取る

くわしくは
P52

死亡診断書に名前など間違いがないか確認する

死亡診断書は、様々な手続きの際に必要なものです。お医者さんは事情がわかっているので、ほとんどの場合、死亡診断書をすぐに書いてくれます。受け取ったら、名前などの間違いがないか確認し、訂正箇所があればその場で直してもらってください。死亡診断書は、医師が直接渡さず、病院の会計の際に窓口で渡す場合もあります。

死亡診断書は必ずコピーをとっておく

死亡診断書は、役所で死亡届の手続き(火葬許可証・埋葬許可証)をする際に必要です。ほかにも生命保険の請求の際など、後々何枚か必要になるのでコピーをとっておきましょう。

お礼の挨拶を忘れない

あわただしくて、ついお世話になったお医者さんや看護師さんへのお礼の挨拶を忘れがちです。「ありがとうございました」と、感謝の気持ちを伝えましょう。

遺体の搬送

くわしくは P52・P60

すぐに葬儀社に連絡して遺体を自宅、または葬儀会館に移動させる

病院の霊安室は、夜遅い場合は一泊させてくれますが、2~3時間程度で移動させなくてはなりません。すぐに葬儀社に連絡して、遺体の搬送と安置をしてもらいます。

遺体の搬送と葬儀は、それぞれ別の葬儀社に依頼することができる

葬儀社を決めかねている場合は、とりあえず病院が紹介してくれ

る葬儀社に、搬送と安置だけをお願いすることになります。葬儀を任せる葬儀社は、後悔しないためにも遺体の安置後に慎重に選んでください。

喪主を決めておく

喪主は、故人ともっとも近い関係の人が務める

葬儀社や僧侶に相談して、様々なことを素早く決めるために、喪主をいち早く決めておかなければなりません。長男（長女）が喪主になるという決まりはありませんが、故人ともっとも近い関係で判断力のある人となると、長男や長女が務めることが多いようです。

くわしくは
P55

自宅での遺体の安置

北枕で安置

頭が北のほうを向くように「北枕」にして遺体を安置する

くわしくは
P53・P54

部屋の事情で遺体を北枕にして安置できない場合は、西枕でもかまいません。

遺体の枕元に枕飾りを設ける

遺体の枕元には、「枕飾り」という小さな祭壇を設けます。通常、この枕飾りは葬儀社が用意してくれます。もしも、葬儀社を決めていなければ、簡易な「枕飾り」を用意します。

遺体の保存

くわしくは
P51

ドライアイスで遺体を冷やす

ご遺体を安置した部屋は、夏なら冷房を入れて冷やし、冬は暖房を入れないようにします。遺体の保存は、ドライアイスを遺体の周囲に置き、冷やして腐敗を遅らせるのが一般的です。最近は、遺体の防腐・保存処理だけでなく、修復も可能なエンバーミングという方法が普及し、選べるようになっています。10万～20万円の費用がかかりますが、事故で損傷が激しいときや病気で顔つきが変わってしまっている場合でも、ある程度、元気な頃に近づけることができます。

お通夜と葬儀・告別式

僧侶に枕経（まくらぎょう）をあげてもらう

くわしくは
P54

安置した遺体の枕元でお経をあげる

菩提寺がある場合は、僧侶を迎え、遺体の枕元でお経を上げてもらいます。このとき、戒名や、お通夜・葬儀の相談をしておくといいでしょう。

お通夜・葬儀・告別式の日取りを決める

くわしくは
P55

みんなの都合を考慮して決める

家族・親族の都合や僧侶のスケジュール、火葬場などの空き状況を考慮して、余裕を持たせて、お通夜と葬儀の日取りを決めます。日にちがあいてしまう場合、エンバーミングで処置をしてもらうと安心です。

お通夜・葬儀・告別式の**日時を知らせる**

くわしくは
P68

どんな葬儀にするのか決める

葬儀社を決める前に、どんな葬儀にするか決めておく

遺言やエンディングノートがあれば、故人の意志を確認します。

くわしくは
P57

葬儀社と相談（予算を伝える）

予算と、どんな葬儀にしたいのかをはっきり告げて相談する

葬儀社がまだ決まっていない場合は、少なくてもこの段階までには決めておく必要があります。依頼をした葬儀社に通夜や葬儀の日程を伝え、どんな葬儀にしたいのかを告げて、打ち合わせます。予算などの希望もこのときにはっきり伝えて相談をしてください。宗教者に連絡して、日程を確認しておくことも忘れないようにしましょう。

くわしくは
P60

斎場と火葬場の手配を葬儀社に相談する

斎場と火葬場は葬儀社が手配してくれます。火葬の費用は、無料

のところもあれば5〜6万円のところもあり、地域によって異なります。希望する斎場、火葬場があるなら、葬儀社に相談してください。年末年始やゴールデンウィークは、斎場や火葬場を押えるのが無理な場合があるので、それを見越して段取りを決めるようにしたいものです。

死亡届、火葬許可申請書を役所に提出する

くわしくは P55

死亡届を出さないと火葬の許可がもらえない

死亡届は、死亡の事実を知った日から7日以内に届けることが法律で決められています（海外で亡くなった場合は、その事実を知った日から3ヵ月以内）。

死亡診断書が死亡届になっている

死亡診断書が死亡届になっているので、必要事項を記入して「故人の本籍地」「届け人の現住所」「死亡した場所」のいずれかの役所の戸籍係に提出してください。家族が動けない場合は、葬儀社が代行してくれます（有料）。

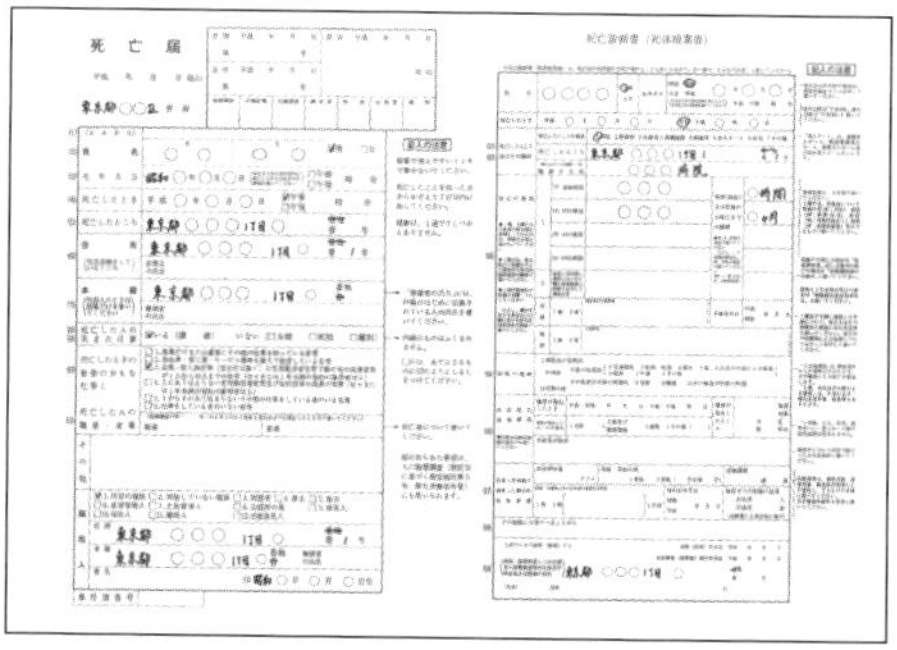

通夜の準備

遺影に使う写真は、元気に笑っている写真を選びたいものです。ただし、顔が小さく写っている物は引き伸すとボケボケになってしまうので、ピントが合っている写真を選びましょう。供花・供物などは、並べ方に問題がないかチェックしてください。

くわしくは
P70

通夜ぶるまいと精進落しの準備をする

役割を決めて準備

近親者や友人にお願いして、受付・会計・連絡、進行など、それぞれの役割を決めます。通夜ぶるまい、精進落としの料理や飲み物を手配し、弔辞及び司会者の依頼をしておきます。

くわしくは
P71・P74

会場の準備

忌中札と道案内札、駐車場や受付を用意する

くわしくは
P71・P73

それぞれの役割を担当する人と打ち合わせをしておく

受付開始時間、香典の処理など、受付・会計・連絡・進行の係を務めてくれる人と打ち合わせをしておきます。

会葬御礼と関係者への心づけを用意する

火葬場に同行する人数の確認をする

火葬の後、初七日の精進落しをします。料理の予約や車の手配をするために人数を確認しておきましょう。

通夜

遺体を納棺する

棺のなかに故人の愛用品も添える

遺体は死装束に着替えさせ、故人の愛用品なども一緒に棺の中に納めます。最近は、「おくりびと」と呼ばれる専門の納棺師に、エンバーミングから死化粧、納棺までを依頼するケースも増えています。

くわしくは
P70

弔問客の受付を始める

くわしくは
P70

僧侶の読経とお焼香

お経とともに焼香を始める

僧侶が入場し、読経が始まると同時に焼香を行ないます。

くわしくは
P71

通夜ぶるまい

故人を偲びながら会食

僧侶の法話後、故人を偲んでの会食「通夜ぶるまい」を行ないます。

くわしくは
P71

お線香の火を絶やさない

遺族で夜通し線香を焚く

通夜の後も、夜通し線香の火を絶やさないように心がけます。近

くわしくは
P70

年、防災の観点から夜通し線香を焚かないケースも増えています。

遠方から来ていただいてる人のために、宿泊先を用意する

葬儀・告別式

葬儀・告別式の準備

葬儀・告別式の流れ

①受付を始める
②喪主や遺族など関係者が着席します
③僧侶が入場し、開始の辞が告げられます
④僧侶が読経をし、引導を渡します
⑤弔辞の後に弔電が紹介されます
⑥僧侶、喪主、親族に続いて、一般の会葬者が焼香を行ないます
⑦喪主が挨拶し、僧侶が退場します
⑧閉式の辞が告げられます

くわしくは
P72

葬儀の当日に香典返しをする場合は、みなさんに同じのものを用意する

「即日返し」と言って、葬儀後の手間を省くために、葬儀の当日に香典返しをするケースも増えています。この場合、会葬者全員に同じ品物を用意します。高額の香典をいただいた人には、後日、「あと返し」で再びお返しをします。

出棺と火葬

棺のふたを開け、花を敷き入れる

くわしくは P76

棺を**「釘打ちの儀」**で閉じる

くわしくは P76

出棺の前に喪主が挨拶をする

棺のふたを閉じ、出棺する前に喪主が会葬者にあらためてお礼の挨拶をします。

火葬

火葬場に向かう

くわしくは
P76

クルマに分乗して火葬場に向かう

霊柩車に続き、喪主、親族のほかに、火葬場に向かう人数をあらかじめ把握してクルマを手配しましょう。

火葬をする

くわしくは
P77

火葬場に「火葬許可証」を提出する

火葬場の担当者に「火葬許可証」を渡した後、僧侶が読経をし、喪主から順番に焼香をして遺体と最後のお別れをします。

その後、遺体は火葬炉に入れられ、荼毘に付されます。ちなみに、遺体は死亡が確認されてから24時間を経過しないと火葬することはできない決まりになっています。

お骨あげ

火葬終了後、遺骨を骨壺に納める

1時間ほどで火葬が終了した後、同行者一同によって箸で故人の遺骨を拾いあげ、骨壺に納める「骨あげ」を行ないます。どこの骨を拾うのかは地域によって異なりますが、最後は、故人の家族によってのど仏の骨を拾うのが一般的です。

くわしくは
P77

遺骨迎えと精進落とし

還骨法要と初七日

遺骨の前で初七日の法要をする

遺骨の前で、火葬後に行なう「還骨法要（かんこつほうよう）」の読経を行ない、繰り上げの「初七日」の法要を行ないます。「還骨法要」は、かつては火葬後に自宅の後飾り壇に遺骨を安置して行なうのが常識でしたが、今日では、斎場などで葬儀後の会食に先立って営まれることが多くなっています。

くわしくは
P77

精進落とし

ねぎらいを込めて精進落としの宴をする

火葬場から精進落としの会場に向かいます（火葬場によっては、精進落としの会場を設けているところもあります）。

火葬場に会場がある場合は、火葬をしている間に、精進落としの宴を行なう場合もあります。その場で現金精算になるケースもあるのでお金も用意しておきましょう。

くわしくは
P78

遺骨の安置

自宅に遺骨を安置する

自宅に戻ったら、後飾り壇に遺骨を安置します。

遺骨の配置は、厳密に決められているわけではありませんが、真ん中に遺骨を置いたり、位牌を真ん中においてその横に遺骨を置くこともあります。

くわしくは
P79

葬儀が終わってひと段落したら

葬儀後の大切なポイント

くわしくは P80

お世話になった人への挨拶回り

寺院をはじめ、お世話になった各方面への挨拶回りを忘れないようにしましょう。遠い場合は、電話でお礼を述べるようにしてください。

家族や親族だけで葬儀を行なった場合は、亡くなったことを知らせる死亡通知書を出すようにしましょう。

大変なお香典の整理を済ませておく

葬儀の後、大変なのがお香典の整理です。文字が読みにくかったり、香典の金額と香典帳に記されている金額が合わなかったりするトラブルも起こりがちですが、香典返しの際に重要になるので、しっかり整理しておきましょう。

名義変更の手続き

公共料金の名義変更、保険の請求も早めに

故人が世帯主だった場合は、世帯主変更の手続き、電気、ガス、水道などの名義変更、生命保険など各種保険の支払い請求、年金・一時金の支払い請求なども行なってください。

くわしくは P80

四十九日は大切な忌明けの法要

日時と場所を決めて、集まっていただきたい方々に連絡

忌明けの法要として大切にされている儀式です。親族一同が集まり、僧侶にお経をあげていただきます。

菩提寺などの住職と相談をして、日時と会場を決め、親族に案内状を送るなどして連絡をして集まっていただきます。

くわしくは P85

本位牌を用意する

くわしくは P87・P91

四十九日の法要には、黒塗りか唐木の「本位牌」を仏壇に納めます

法要は四十九日を過ぎない日に行なう

亡くなった日から数えて、ちょうど四十九日目にするのが理想的ですが、無理な場合は、四十九日を過ぎない日にするのが常識になっています。

僧侶への日程の確認・出席者への連絡を行なうと同時に、会食、引き物の手配、本位牌の準備をします。

「四十九日」の法要の後、会食をします。予約の際、人数の確認を忘れないようにしましょう。

お仏壇

仏壇を購入したら「開眼供養」の読経をあげてもらいましょう

くわしくは
P93

神式の通夜祭と葬場祭（一例）

神式の場合の通夜祭と葬場祭は、
次のような流れで執り行われます。

通夜祭

①神官に通夜・葬儀の依頼をします。

▶

②通夜祭の準備として、「神棚封じ」をし、「枕直しの儀」、「納棺の儀」をします。

▶

③「通夜祭」では、斎主（神主）入場の後に遺族が入場し、斎主一拝に続いて副神主が御饌（ごぜん）を供えます。

▶

④神主が故人の死を悼む言葉を唱えます。

▶

⑤玉串奉奠（たまぐしほうてん）を神主、喪主、遺族、参列者の順に行ないます。

▶

⑥御饌をさげた後、神主が一拝し、退場します。

葬場祭

①遺族や近親者、参列者が着席した後に、神主が入場し、開式の辞を告げます。

▶

②「修ばつの儀」、「献饌」、「祭詞奏上」と続いて後に、弔辞が読み上げられ、弔電が紹介されます。

▶

③玉串奉奠をし、神主が退場。遺族の代表が挨拶をし、閉式の辞が告げられ、出棺祭へと続きます。

カトリックの通夜と葬儀（一例）

キリスト教のカトリック式の通夜と葬儀は、
次のような流れになります。

カトリック式のお通夜

①教会ならびに神父に連絡をして通夜と葬儀の依頼をしておきます。

◀

②神父による始めの言葉があり、聖歌斉唱、あるいは黙祷をします。

◀

③神父による招きの言葉、聖書朗読、説教に続いて、献香・献花が行なわれます。

◀

④結びの祈りが捧げられます。

カトリック式の葬儀

①神父が祈りを捧げ、参列者が着席します。

◀

②神父が入堂し、入祭の言葉を告げる。神父が聖書を朗読し、これに参列者が唱和します。

◀

③神父が退場し、告別式開式の辞が告げられ、弔辞の後に弔電が紹介されます。

◀

④献花をし、遺族の代表者がお礼の挨拶をします。

プロテスタントの通夜と葬儀(一例)

キリスト教プロテスタント式の通夜と葬儀は、
次のような流れになります。

プロテスタントの前夜式

①教会と牧師に前夜式と葬儀式の依頼をしておきます。

◀

②牧師による開式宣言が行なわれ、賛美歌を斉唱。聖書が朗読され通夜の祈りが行なわれます。

◀

③再び賛美歌の斉唱があり、牧師の説教が行なわれます。

◀

④主の祈りが捧げられ、賛美歌斉唱、献花と続きます。

プロテスタントの葬儀式

①奉楽、聖書朗読、賛美歌斉唱と続き、祈祷が行なわれます。

◀

②牧師による説教の後に、再び祈祷、讃美歌斉唱、祝祷、奉楽があり、告別式への流れとなります。

第一章

危篤から葬儀・法要までに、やらなければならないこと

事前に確認しておきたいこと

親の人生物語をじっくり聞いておく

父親、あるいは母親が突然お亡くなりになった場合は無理なことですが、入院中で意識がしっかりしていて、会話ができる状態なら、一度親の人生物語をじっくり聞いておきたいものです。

友人知人のこと、会っておきたい（連絡を取りたい）人、宗教宗派のことや菩提寺があるのかどうかなど、さらりと聞き出してください。なかなか話しづらいことですが、あっけらかんとした口調で、お墓のことについて相談してみるのもいいかもしれません。

お金や財産にまつわることもそれとなく聞き出す

親が命の危機にあるときに、お金や資産、財産の話をするのは、常識はずれでひんしゅ

くものだと思われがちですが、何もわからないままになってしまうのも、それはそれで問題です。亡くなった後に、混乱して苦労するような事態を招くことが少なくないのです。

保険や預金、有価証券、不動産、絵画などの資産はもちろんのこと、借金や貸付金があるかどうか、印鑑・通帳・各種契約書などの存在を確認するとともに、しまってある場所についても教えてもらってください。

危篤に陥ったとき、どう行動すればいいのか

できれば、危篤になる前に葬儀社を検討しておく

最愛の家族を失うことは、誰しも想像したくはありません。医師より「あと2、3日かもしれません」と告げられたとしても、そんなことはない、と信じたいものです。

しかし、命に限りがあるのも事実です。

最期を看取ってから葬儀を考えるのでは場当たり的になってしまい、後々悔やむことにもなってしまいます。

というのも、臨終後しばらく（2～3時間あるいは翌朝）して、病院から遺体の搬送を求められるなど、すぐに判断して、どうするかを、決めなくてはならないことが、次から次へと、目白押しの状況になるからです。

常識的に考えても、危篤の最中に慌てて葬儀社に相談することなどできません。葬儀社への相談は、危篤になる前か亡くなった後のタイミングしかないのです。冷静に判断して納得できる葬儀社を選ぶのであれば、危篤になる前に検討しておいたほうがいいのです。

危篤を知らされたら、家族、近親者、友人・知人に連絡

命のタイムリミットが近づいてくると、家族は、医師から危篤を告げられることになります。

愛情を注いで育ててくれた母や父、あるいは愛する家族との永遠のわかれほど悲しくてつらいものはありません。**そのときが近づいているときに、冷静に判断して行動しなさいと言っても無理な話**です。でも、それでもまわりの家族は気丈にふるまわなければなりません。親しい人に「最後のわかれ」をしてもらうため、できるだけ早く、近親者や友人、知人と連絡をとらなければならないのです。

危篤の連絡は、当然ながらまず家族から行ないます。**すぐに連絡すべき近親者は、一般的には三親等まで**といわれていますが、本人と親しい場合や、ひと目会わせておきたいと思っている人がいるなら、こうしたことにこだわる必要はありません。

危篤の連絡は、配慮しなければならない場合もある

危篤に陥ったのが深夜や早朝だった場合

は、連絡するのがはばかれ、どうしようか躊躇してしまいますが、本人と親しい間柄であれば、ほとんどの人は迷惑に思わないのではないでしょうか。電話のかけかたにもよりますが、「こんな時間に申し訳ございません」「朝早くに申し訳ありません」といったひと言を申し添えれば、失礼にはなりません。

ただし、妊娠中の人や病気で心臓が弱っている人などへの連絡は、配慮が必要です。また、知らせたい人が遠方に住んでいる場合は、深夜や早朝に連絡をしてもすぐに駆けつけることなどできません。そのことを十分考慮して連絡をしたほうがいいでしょう。

連絡する内容のポイントは次の通りです。

●危篤の人と連絡者の続柄を伝える
　たとえば、「○○の長男の△△と申しますが……」というように

●入院中の場合は、病院名と場所、交通手段、病院の電話番号を伝える

●病室番号を伝える

●携帯電話などの連絡先を伝える
　病院名や住所、連絡先などは、電話をした後で、メールで再度送っておけば間違いがないでしょう。

もし、自宅や外出先で危篤状態になったら

自宅で療養中に様態が急変して危篤に陥った場合、深夜や休日などで主治医と連絡がとれないときは、１１９番で救急車を呼び、病院に搬送してもらいます。心臓が突然止まってしまった場合も、すぐに１１９番に電話をするのが鉄則です。

外出先で危篤状態になった時も救急車で病院に搬送されるのが一般的。搬送先の病院から連絡を受けたら、やはり同じように、家族や近親者に連絡を取り、日頃から懇意にしている友人・知人にも連絡を入れます。

自宅での死亡と病院で死亡の違いとは

自宅で息を引き取ったら

自宅で心臓が止まってしまったり、急に息を引き取ったとしても、日本の法律では、医師が介在して、その死因を確認し、死亡を認めるという手続きが必要です。

そのときに、医師が到着して指示があるまでは、遺体に手を触れないようにしなければなりません。**医師が死因を確認できれば死亡診断書に必要事項が記入**されて、死亡が証明されます。しかし、救急車を呼んだときにすでに死亡している場合などは、一緒にいた**家族が警察に事情聴取**されたり、死亡した理由を解明するために亡くなった人を**行政解剖**に回されてしまう場合があります。悲しみにうちひしがれているときに、警察にあれこれ聞かれて不快な思いまでしなければならないのは、本当につらいものです。

もし、深夜などで、病院や医師と連絡がとれないときは、110番に電話で連絡して、事情を話しておいたほうがいいでしょう。すぐに警察医を派遣してくれるはずです。

都会では、病院で死亡するケースが9割以上

日本では、自宅で亡くなったときに、そばに医師がいない場合は、遺族が警察に事情聴取されたりするので、自宅の畳の上でもうかうか死んでもいられないという、ややこしい状況になっています。その点、病院で亡くなった場合は、医師が必ず近くにいるので、面倒なことになることはまずありません。今では、ほとんどの人が病院のベッドの上で亡くなるのが当たり前で、**特に都市部では、病院死が9割を超えているといわれています。**

遺体は、病室からストレッチャーで霊安室に移され、自宅か斎場に搬送するまで安置されます。その前に、看護師さんの手で、体液などが漏れでないように詰め物をしたり、アルコールで遺体を清めたり、着替えや死化粧など、エンジェルケアと呼ばれている処置をしてくれます。

海外の旅行先で亡くなった場合は

家族が海外で亡くなったときは、どうすればいいのでしょうか？

一般的な例としては、現地で荼毘に付し、遺骨で持ち帰ることが多いようです。もちろん、遺体のまま自宅に運ぶことも可能です。

現地の「死亡診断書」と「防腐処理許可書」が必要

海外から日本の自宅に遺体を運びたい場合は、まず、**現地の医師が出す死亡証明書**を手に入れてください。次に、**日本大使館か日本領事館に埋葬許可証**を発行してもらいます。また、現地の葬儀社に頼んで防腐処理をしてもらい、それを証明する**「防腐処理許可書」**を葬儀社に発行してもらうことも必要です。

こうした手続きを経て、遺体は航空機などで荷物として運ばれてきます。日本の空港に到着した遺体は、葬儀社に頼んで寝台車か霊柩車で自宅まで搬送します。このような場合、**タクシーや自家用車の使用は法律で禁じられている**ので、使えません。

海外で火葬にして遺骨で持ち帰る場合も、現地の死亡診断書か、火葬許可証などをかならずもらっておいてください。これがないと、日本から現地に改めて死亡確認をしなければならなくなり、とても面倒なことになってしまいます。

臨終の時の行動学

臨終を宣告されたら

危篤に陥った人が息を引き取ると、医師は瞳孔を調べたりして、「臨終」を宣告します。その後に、病院にもよりますが、居合わせた家族や親族で、**「末期（まつご）の水」**、いわゆる〝死に水〟をとります。病院で行なわない場合は、遺体を自宅に連れ帰り、安置した後に行ないます。

「末期の水」のとり方は、新しい筆の先や、割り箸の先に脱脂綿を巻いて白い糸で結びつけ、茶碗に入れた水を含ませて、亡くなった人の唇を湿らせてあげます。

蘇りを願う「末期の水」

最期の儀式とも言えるこの作法は、本来、死んだ人が蘇ることを願って行なわれるもので、かつては、臨終の間際に行なわれていました。末期を悟った仏陀が、口の渇きを癒すために「清く冷たい水が飲みたい」と弟子に頼み、その弟子が雪山の浄水を鉢に酌んできて仏陀に捧げたことが、仏典の「末期の水」の由来とされています。ですから、臨終直後に死に水をとるのが本来の姿なのです。

死に水をとる順序は、喪主となる人、家族、兄弟姉妹、子の配偶者、孫といったように、血縁関係の近い順に行ないます。

アルコールで遺体を清め、着替えをする

死亡が確認され、末期の水を済ませたら、**遺体の保存処置と身支度**をします。体液が漏

れでないように耳の穴や鼻の穴などに詰め物をし、アルコールなどで遺体を清浄する**「湯灌（ゆかん）」**を行なうのです。この処置は、病院の看護師さん、あるいは介護施設で亡くなった場合は介護施設の看護師さんたちの手で行なうことがほとんどですが、病院によっては、病院の出入りの葬儀社のスタッフに任せてしまう場合もあります。

「湯灌」は、元々、たらいにぬるま湯を入れ、そのお湯で遺体を清めるのが古くからの習わしでした。しかし、現在は、殺菌作用のあるアルコールを使って清めるのが一般的になっています。また、詰め物は脱脂綿を使い、体液や汚れものが出ないようにします。

死化粧（エンジェルケア）をする

亡くなった方が女性や子どもの場合、顔がなるべく生前と同じようになるように薄化粧をします。**生前使っていた化粧品**を使えば、故人らしいお化粧ができるので、用意しておいたほうがいいでしょう。できれば、お化粧は、故人の元気な頃の表情をよく知っている遺族がしてあげたいものです。男性ならヒゲをキレイに剃ってあげてください。まぶたが少しあいているようなら、上まぶたをそっと撫でるようにして閉じてあげます。

闘病生活で頬がこけてしまっていたら、両頬に含み綿を入れてあげるとふっくらとした感じになります。女性なら特に髪やツメもき

れいに整えてあげたいものです。遺髪を遺しておきたい場合は、このときにとっておくといいでしょう。

菩提寺があれば住職に連絡をする

先祖代々の菩提寺がある場合は、遺体の処置をしてもらっている合間などを見計らって、住職に不幸があったことを伝えましょう。**深夜や早朝の場合は、朝一番で連絡するようにしてください。**また、故人の名前とお亡くなりになった日時もお伝えし、自宅、あるいは斎場に安置した後の枕経の依頼をします。菩提寺が遠方の場合は、近くにある同宗同派のお寺を紹介してもらう方法もあります。

遺体の保存と、おくりびとの仕事

最近は、遺体をきれいにする作業から納棺までを、**「おくりびと」と呼ばれる納棺師**や、葬儀社のスタッフに任せることが増えています。また、遺体に防腐処置を施したり、遺体の損傷を修復したりするエンバーミング（遺体保全）をする場合も、こうしたプロに頼むことになります。

今は、10日間前後、遺体の防腐が可能なうえに、きれいにできるエンバーミングという方法が選べるのです。10万～20万円程度の費用がかかりますが、事故などで遺体の損傷が激しい場合でも修復が可能ですし、病気で

やつれてしまった顔も、生前の元気だった頃に近づけてくれます。

ドライアイスで遺体を保存する場合は、季節にもよりますが、体重の4分の1（10〜20kg）のドライアイスで、1日半程度しか冷気が持続しません。安置している部屋は、できるだけ涼しい状態にしてください。病院で紹介してもらった葬儀社に遺体の搬送だけをお願いした場合でも、依頼をすればこのドライアイスの処置をしてくれます。

死亡診断書を受け取る

病院で亡くなった場合でも、自宅で亡くなったときでも、医師が死因などを記入した**死亡診断書**を受け取る必要があります。この死亡診断書を役所に届けて、はじめて火葬や埋葬の許可が得られます。死亡診断書は、火葬許可証や生命保険の請求のときなど、後々何枚か必要になるので、コピーしておくのを忘れないようにしましょう。

遺体の搬送と安置

遺体の搬送と安置はどうするの？

病院の霊安室は、それほど多くの遺体を保管できないので、焼香した後、すぐに自宅か斎場に移動させることになります。病院の霊安室から自宅に搬送するのは、小さな子どもなら抱きかかえて連れて帰ることもできますが、大人の場合はそうもいかないので、**葬儀社に連絡をしてお願いするのが一般的**です。葬儀社をまだ決めかねている場合は、病院と提携している葬儀社に依頼することもできます。

といっても、**その葬儀社に葬儀まで依頼す**

る必要はありません。葬儀の請負を申し出ることがあっても、「検討します」とか、「考えておきます」と答えておけばいいのです。葬儀の費用やサービスは葬儀社によっていろいろなので、葬儀に関しては、改めて数社の見積もりを吟味した上で決めましょう。

　病院から自宅に遺体を運ぶ場合は、**遺体を横たえるだけのスペースが確保できるクルマを持っていれば、自分たちだけで搬送しても何ら問題はありません。**葬儀社が用意する黒塗りのワゴン車のような特別な車両でなくても大丈夫なのです。

遺体は北向きに安置する

　病院から遺体を引き取ってきたら、仏式や神式なら頭を北に向けて布団に寝かせて安置します。とはいえ、正確に北向きでなければならないわけではなく、**だいたい北のほうを向いていればいい**のです。もし、部屋の間取りの都合で北向きに寝かせることができなけ

れば、**西向きでもかまいません**。北枕は、お釈迦様にならっての安置、西は、西方浄土に向けて安置するという意味があるのです。キリスト教などの**ほかの宗教の場合は、方角にはこだわらない**のが普通です。

死装束は左前が常識

遺体を安置したら、白いさらしの死装束(しにしょうぞく)に着替えさせます。**死装束は、左前に着せるのが基本**になっています。しかしながら、最近は、死装束ではなく、故人が生前によく着ていた服で見送るケースも増えています。どうしても昔のしきたり通りにしなければならないわけではありません。

続いて、顔を白い布で覆うようにし、手は胸元で組ませます。シーツはできるだけ純白のものを用意し、掛け布団は、ふだん足元に来る側を頭の側にくるようにします。つまり、いつもと反対にかけてあげるのが、こうした場合の作法になっているのです。

安置した遺体の枕元に枕飾りをつくり、枕経で冥福を祈る

安置した遺体の枕元には**「枕飾り」**と呼ばれる白い布をかけた台を用意して、供物をあげるための仮の祭壇をつくり、その上にろうそくを灯す燭台やお線香を立てる香炉、花瓶などを置きます。その枕飾りのそばで僧侶に**お経(枕経)**をあげてもらい、故人の冥福を祈ります。

枕経を読んでもらった後で、僧侶の都合を聞き、通夜や葬儀の日時を確認しておいたほうがいいでしょう。

早い段階で喪主を決めておく

喪主は、葬儀の代表者として故人に成り代わって弔問を受ける人のこと。故人を見送る儀式を滞りなく行うために、**少なくとも通夜の前の段階**には、誰がその役目を果たすのかを決めておかなければなりません。

故人が若ければ、妻、夫といったパートナーが喪主を務めるのが一般的ですが、高齢の場合は、その子どもが喪主を務めることになります。

喪主は、葬儀だけでなく、法事など一連の仏事でも代表者となるので、そのことを考慮して選ぶ必要があります。

葬儀・告別式の準備

死亡届を出さないと火葬も埋葬もできない

死亡届を提出しないと火葬や埋葬の許可証がもらえません。**死亡届**は、戸籍法第86条に定められているように、「**亡くなった日から7日以内**に、死亡した場所または死亡者の本籍地か、届け人の現住所の市区町村役場に提出する」ことになっていますが、実際には、

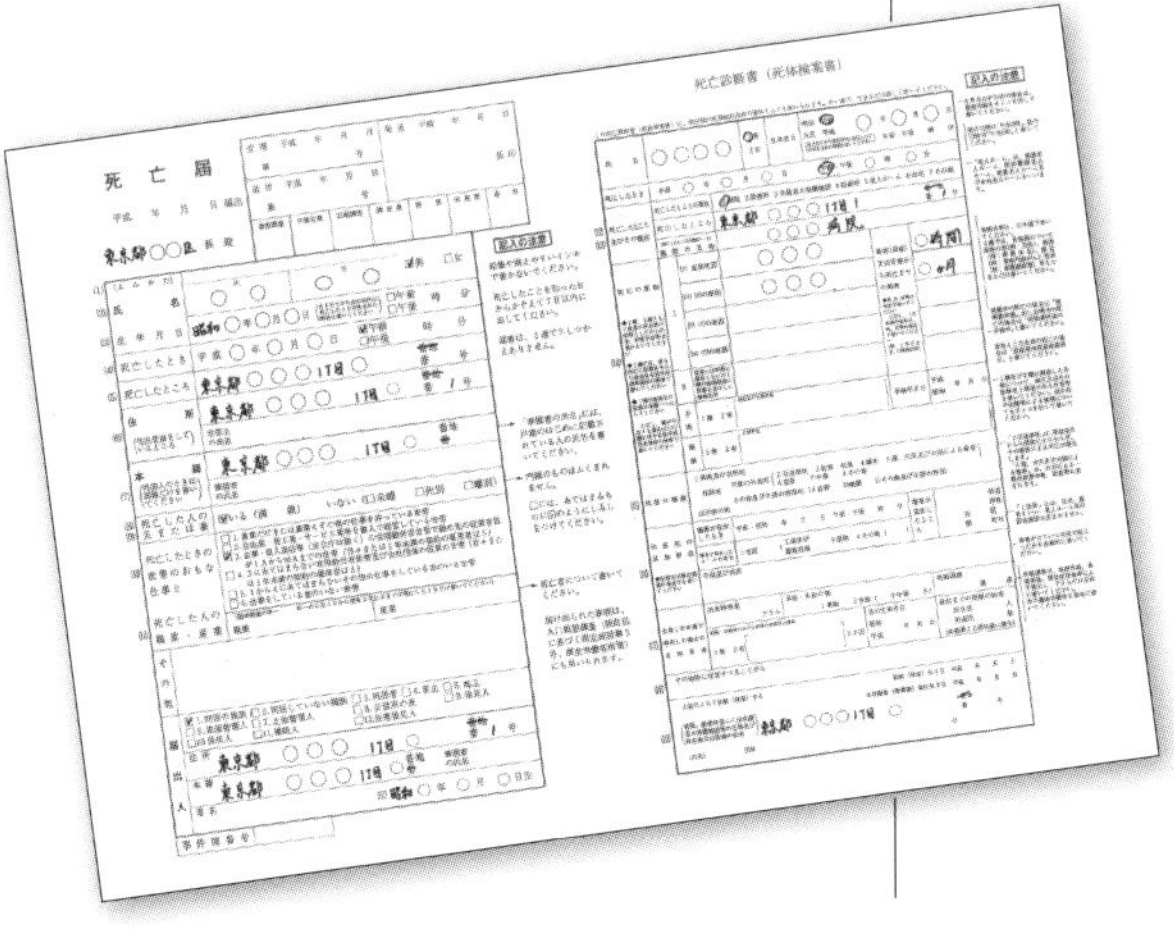

火葬・埋葬の許可証がすぐに必要なので、**死亡したその日か、翌日に届ける**のが当たり前になっています。ちなみに、国外の場合は、死亡の事実を知った日から3ヵ月以内です。

死亡届は平日に出す

一般的に**死亡届は、夜間や土・日・祝日なども受付は可能ですが、火葬・埋葬許可証の発行はしてくれません**。二度手間になるので平日の市役所や役場が開いている時間に届けたほうがいいでしょう。また、出張所など場所によっては時間外受付をしていないところもあるので、事前に確認をしておくようにしてください。

死亡届の用紙は、医師が発行する「死亡診断書」か、事故死の場合などは「死体検案書」という書類と一体となっています。右半分が医師が記名、押印かサインをし、左半分を届出人が記入・押印(または署名)して提出します。

用紙は、市区町村役場にも用意されていますが、ほとんどの場合、自分で取りに行かなくても、病院で医師の証明済みのものをもらって、それに必要事項を記入するだけで済んでしまいます。

死亡届を市区町村の役所か役場に提出したら、引き替えに「火葬・埋葬許可証」をもらうのを忘れないようにしてください。死亡届の提出の際には、死亡届に押印している届出人の印鑑が必要です。

お通夜と葬儀の日取りはどう決めればいいのか

基本的に**故人が亡くなった日、あるいは翌日に通夜を行い、その通夜の翌日に葬儀告別式というのがオーソドックス**な流れになっています。

とはいえ、家族や斎場、お寺の都合もあり、葬儀の日が友引にあたるときなどは、通夜をずらして、葬儀が友引の日にならないように配慮しなければならない事情もあるので、臨機応変に通夜と葬儀の日取りを決めなくてはなりません。友引は縁起が悪いという理由だけでなく、友引の日は火葬場もお休みのところが多く、葬儀告別式ができないのが実情です。ただし、お通夜は友引でも行うのが通例です。

家族と親しい人だけで送る密葬とは

最近は、「自分が死んだら家族や本当に親しい人だけに見送ってもらいたい」と願う人が増えてきました。こうした近親者だけで行なう葬儀は**「密葬」**、**あるいは「家族葬」**と呼ばれています。

スタイルはさまざまですが、故人の遺影やお花を飾り、参列者が遺影に献花するというかたちが多いようです。こうした小規模で、あまりお金をかけず、それでも心のこもったお別れができる「小さなお葬式」のプランを提案しているところもあるので、インターネットなどで「家族葬」で検索して、いろいろ比べてみるといいでしょう。

無宗教の場合はどうすればいいのか

最近は、昔と違って宗教を持たない人も多く、**無宗教の形式**で葬儀をすることも珍しくありません。亡くなった人が無宗教なら、宗教色のない葬儀をしてあげようと考えるのは、ごく自然なことだからです。僧侶も神父さんも呼ばなくていいので、その分、費用が抑えられますし、よけいな手間もかかりません。

　こうした無宗教の葬儀をする場合には、葬**儀社のスタッフに相談すれば、いろいろな方法を提案**してくれます。インターネットでも、故人の好きだった花で彩る葬儀や故人の好きな音楽を流して見送る音楽葬など、さまざまな趣向を凝らした「お別れ会」の形が紹介されています。

　ただし、公営の墓地や民営墓地に納骨をするのなら問題はないのですが、先祖代々のお墓がある**菩提寺に納骨**をお願いするとしたら、戒名も不要とする無宗教葬では、納骨を拒否されてしまうケースもあるようです。

　無宗教でもお経くらいはあげてあげたいという場合は、お寺や僧侶を葬儀社に紹介してもらうという手があります。

寺院や神社、教会への謝礼の渡し方

お寺や僧侶への**お布施、謝礼は、葬儀が終わった後で、挨拶とともに渡すのが一般的**です。

打ち合わせのときに金額を聞いて、金額に規定があればそれに従えばいいのですが、よくわからない場合や、お寺に直接聞きにくい場合は、葬儀社に聞いて参考にするといいでしょう。

仏式の場合、戒名のお礼は別に包むことになります。

キリスト教では、神父や牧師への謝礼のほか、教会の使用料として教会への献金、聖歌隊、オルガン奏者へのお礼や、花などの実費は別に包みます。

包み方は、奉書紙に包むか、白い封筒に入れるのが習わしです。

表に書くのは、仏式なら「御布施」、神式なら「御神饌料」か「御榊料」、キリスト教の場合は「御花料」「献金」「御ミサ料」のいずれかを記します。

また、「御礼」と書けば、宗教に関係なく非礼になることはありません。

後悔しない葬儀と葬儀社の選び方

サービスの内容や費用を吟味して葬儀社を選ぶ

葬儀は、**どうしても葬儀社に依頼しなければならないわけではありませんが**、遺体の保管や式場の準備、祭壇づくりの大変さを考えれば、専門家の手を借りた方が賢明です。葬儀社を選ぶ方法としては、故人が入院していた病院で紹介してもらったり、インターネットやタウンページで近くの葬儀社を調べて比較検討をしたり、役所の市民課や区民課、お寺で紹介してもらうなど、さまざまな手があります。

ひと口に葬祭業者といっても、専門の葬祭業者はもちろんのこと、互助会や生活協同組合、自治体の葬祭協会など、いろいろな事業形態の団体があります。年会費を払って会員になると、大きな割引特典が得られるシステムと葬儀費用の明瞭化を売りにしている葬儀社も中にはあるので、インターネットで調べてみるといいでしょう。

葬儀積立金の落とし穴

故人が互助会に入っていた場合は、月々の積立金を葬儀の費用に充てることができます。**互助会**というのは、全国に321社ある「冠婚葬祭互助会」の略で、その中の270社近くが社団法人全日本冠婚葬祭互助会協会に加盟しています。お葬式をする人のおよそ4割は、この互助会を利用しているというデータもあるようです。

しかしながら、たとえば**互助会に入っているから、費用の心配もなく安心して葬儀を任**

せられるかというと、一概にそうとは言えないようです。互助会という名前の通り、助け合いの精神で生まれたシステムのはずなのですが、中には苦情やトラブルの多い業者もいるようです。実際、「積み立てをしていれば葬儀費用が割安になると思ったのに、実際にはメリットがほとんどない」という苦情もよく耳にします。

しかも、積立金は葬儀費用のほんの一部にしかならないことがほとんどで、ほかのリーズナブルな葬儀社を利用したほうが、結果的に費用が安くなるケースもあるようです。互助会の営業マンの多くは、基本給プラス歩合制で働いています。少しでも営業成績をあげるために、パッケージ化された葬儀サービスの中に低価格なコースがあるにもかかわらず、高額なコースだけを遺族に紹介して、その中から選ぶようにし向けるということをしている、心ない業者も中にはいるのです。後でがっかりしないように注意したほうがいいでしょう。

早速ですが請求書です。よろしくお願いします！
えーっ
こ、これは…

イメージや固定観念に惑わされず、葬儀社の特徴や提案している内容、費用などをよく吟味し、スタッフと実際に話をしてみて、信頼できるところを選ぶようにしてください。

葬儀社選びの7つのチェックポイント

かつては、人の悲しみにつけ込んで怪しい商売をする、いわゆるグレーゾーンの業者が多かった葬儀業界ですが、最近は、コンプライアンスを尊守して、きちんとしたビジネスをしようという姿勢の優良な葬儀社も増えてきました。では、**安心して葬儀を任せられる葬儀社を選ぶ**には、どんなところに気をつければいいのでしょうか。その7つのチェックポイントを紹介しましょう。

Ⅰ 一方的に話を進めないか

遺族の要望は二の次にして、あれこれ一方的に話を進める葬儀社は、気をつけたほうがいいでしょう。優良な葬儀社は、遺族の話をしっかりと聞いて、丁寧に対応してくれます。

Ⅱ 不安や疑問に親切丁寧に対応してくれるか

葬儀に際しての疑問や質問、あるいは不安に思っていることについて、親切かつ丁寧に説明をしてもらえているでしょうか。相談の段階から遺族の不安を取り除くように誠心誠意努力してくれるスタッフのいる葬儀社は、本番の葬儀のときでも細かな気配りをしてくれるので安心です。

Ⅲ 明瞭会計は優良葬儀社の条件。見積内容を詳しく説明しているか

見積書には、飲食費、返礼品、車両費、火葬費、斎場使用料、骨壺などの費用もきちんと計上されているでしょうか。明瞭会計を実践しているのは、優良な葬儀社のもっとも大きな条件のひとつです。見積書の詳細さは、葬儀社の信用の証と言っても過言ではありません。

セットプランなどを扱っている葬儀社の場合、その中にどんな項目が含まれているのか、詳しい説明があることも大切です。

Ⅳ 要望をきちんと聞き入れてくれるか

遺族の事情や要望を詳しく聞いてくれて、それに応じた提案を考えてくれるでしょうか。葬儀社側の常識を押しつけてくるようであれば、優良な葬儀社とはいえません。

Ⅴ 店舗があるか

店舗がちゃんとあって長く続いているのは、その地に根づいた営業をしている証です。葬儀社のホームページを検索して、店舗や会社の雰囲気を見ておくことも重要です。

Ⅵ これまで行なった葬儀記録を快く見せてくれるか

打ち合わせのときに、これまでの葬儀記録の写真や祭壇の写真を見せて説明してくれる葬儀社は、よりよい葬儀をするためにきちんとデータ管理をしていると考えてよいでしょう。

Ⅶ 契約を急いでいないか

葬儀内容の説明もそこそこに、契約を急ぐ葬儀社は避けたほうが賢明です。悲しみと目が回るような忙しさに翻弄されて、早く葬儀社を決めてホッと安心したい気持ちはわかりますが、**葬儀社選びは最大の山場**です。きちんと各葬儀社のサービス内容や価格を検討して、慎重に選ばないと、後で腹立たしい思いをしたり、後悔することになるのです。

葬儀の費用はどのくらいかかるの？

遺族が**もっとも心配するのが葬儀にかかる費用**ではないでしょうか。いったい、葬儀だけでいくらぐらいかかるものなのでしょうか。

葬儀の費用は、会葬者の人数と比例して上昇するのが一般的です。香典の平均的な金額は大体予想がつくので、集まる香典の額を目安にして予算の枠を考えるという方法もあります。

無宗教の人が多い今の日本でも、葬儀の9割以上は仏式で行なわれているので、その仏式を例にして、葬儀にはどんな費用がかかるのかを紹介しましょう。

まず、**葬儀の費用は「葬儀社への支払い」、「お寺などへの謝礼」、「飲食接待費」と大きく3つに分けられます**。なかでも大きなウエイトとなるのは「葬儀社への支払い」でしょう。

予算オーバになることを少しでも防ぐためには、最初に葬儀社に予算をいくらぐらいにしたいと考えているのか、率直に相談してみるべきです。常識的な範囲の金額であれば、優良な葬儀社なら、できる限りその予算に応じようと、祭壇や葬祭飾りにかかるコストを削り、僧侶の戒名料や読経料などを考えてくれるはずです。

セットプランの罠にご用心

ほとんどの葬儀社は、「セットプラン」や「基本セットプラン」という名前で葬儀一式をいくつかのグレードでパックにしたプランを用意しています。このプランの善し悪しの見分け方のポイントは、**プランの中に何が含まれているのかがよくわかるようになっているかどうか**です。ホームページやパンフレットに写真とともにセット内容がきちんと表示されて、ひと目でセットの内容がわかるようになっていればいいのですが、葬儀社によってはプランの中に何が含まれているのか、よくわからないものもあります。うっかりすると、どんどんオプションが追加されてしまい、結果的に高額な出費になってしまうケースも少なくありません。

また、こうしたセットプランは、「松・竹・梅」のような3種類のグレードが設けられているのが一般的で、たとえば、Aプラン：250万円、Bプラン：180万円、Cプラン：120万円と3タイプがあった場合、予算的にはCプランだと思いながらも、一番安いプランでは故人も不憫だし、世間体も悪いような気がしてしまいます。たちの悪い葬儀社だと、遺族のそうした気持ちの弱みに付け込んで、Ｂプランや Ａプランを選ぶように誘導し、遺族は、ついつい無理をして真ん中のＢプランを選んでしまうというパターンが本当に多くあります。

Ｂプランの内容が本当に必要なら問題はないのですが、たとえば、故人が高齢で、友人知人の会葬者がそれほど多くない葬儀の場合は、後で、「Ｃプランでも十分だったのに」と後悔することも少なくないようです。葬儀の場合、**香典や「お悔やみ」で葬儀費用のすべてをまかなえないというのが常識になってい**ます。あとで大変な思いをしないようにしたいものです。

葬祭業者には、いろいろなタイプがある

葬儀社を選ぶ方法は、故人が入院していた病院の紹介や、近所で仲良くしている人の紹介、タウンページやインターネットで調べたり、お寺や役所に紹介してもらうなど、さまざまあります。よく名前を耳にする大手業者がかならずしもいいわけではなく、小さくても地元で信頼されているような業者のほうが安心な場合もあるようです。また、故人が生前大好きだったことを形にして見送るような、従来の形式にとらわれない葬儀も増えて

いて、そうしたニーズに応えることを得意にしている業者もいます。

前にも紹介しましたが、葬儀社の中には、自前の葬祭会場を持っていて、会員になっておくと葬儀プランが割引になるサービスを行なっているところもあります。ただし、こうした会員特典で式場費用が50％引きになると謳っておきながら、そのプランが会員特典の対象外であるケースが消費者庁に指摘された業者もあるので、本当に会員になるメリットがあるのかどうかを慎重に検討して見極めてください。

全国の自治体の中には、「市民葬」や「区民葬」と呼ばれる葬儀サービスを行なっているところもあり、自治体が指定する業者が葬儀を請け負ってくれます。生協（生活協同組合）やJA（農業協同組合）の組合に加入していれば、生協、あるいはJAと提携している葬儀業者に任せるのも、料金体系が明確という点で安心かもしれません。

質素な葬儀を望むなら市民葬・区民葬を活用したい

葬儀費用がそれほどかけられない境遇の遺族や、質素な葬儀を望む人は、東京23区や各市が住民サービスの一環として設けている**市民葬、区民葬を活用**するといいでしょう。この市民葬や区民葬と呼ばれる葬儀は、役所が地元の葬儀社と協定し、予算をそれほどかけない小規模規格の葬儀が行なえるようにしたもの。ただし、東京の場合、区民葬が利用できるのは、東京23区に死亡した人か、喪主が在住していることが条件になります。

利用の仕方は、たとえば区民葬なら、区役所の区民課などに医師の死亡診断書を提出し、区民葬儀券の交付を受けます。区民葬儀券には「区民葬葬具券」「区民葬霊柩車券」「区民葬火葬券」の3つがあり、それぞれさらに3種類の料金ランクが設けられています。利用者は、この中から最適なものを選んで組み合わせ、申し込めるようになっています。

申し込みの方法は、葬儀券必要事項を記入・捺印し、各区ごとにリストアップされている区民葬を扱っている葬儀社に申し込みます。ちなみに、区民葬の内容や料金は、どの区でも共通しています。

市民葬も区民葬とほぼ同じようなものですが、**市によっては、市民葬儀を行なっていないところもあるので、市民課に問い合わせてみてください。**

お葬式の平均費用は約２００万円?!

一般的に、お葬式の費用はどのくらいかかるものなのでしょうか。

日本消費者協会の調べ（２０１０年）では、「葬儀にかかる総費用」の全国平均は１９９万８８６１円でした。地域別に見ると、もっとも費用をかけているのが東北で２３３.６万円、関東は２２５.１万円、もっとも少ない四国では１０５万円となっています。

しかし、これは、あくまで平均的な費用です。ある葬儀社では、平均的な葬儀費用は１２０万円程度だとしているところもあり、全国平均はあくまで参考で、これを目安にする必要はありません。

葬儀にかかる費用は、圧倒的に多い仏式の場合を例にとると、①葬儀社への支払い ②お寺などへの謝礼 ③飲食接待費が〝3大費用〟とされています。

それぞれの費用の全国平均額は、通夜からの飲食接待費が約45.5万円、寺院に払う「お経・戒名・お布施」などの費用が約51.4万円、葬儀一式の費用が約126.7万円となっています（※それぞれの費用の平均なので、葬儀費用の総額平均とは一致しません）。その割合を大まかに対比すると2対2対6といったところです。

しかしながら、**香典返しやお世話になった人への謝礼、墓地や墓石代などは別にかかって**くるので、そのことも頭においておく必要があります。

葬儀・告別式の日時が決まったら

死亡通知状を送って葬儀の日時を知らせる

葬儀の日時が決まったら、死亡通知状を発送して、その日時と場所を知らせます。文章をどう書けばいいのかわからない場合は、葬儀社に見本があるので参考にさせてもらうといいでしょう。葬儀社は、印刷の手配もしてくれます。世話役が決まっているなら、その人に一任し、文章の内容や印刷する枚数を決めます。

会葬礼状（お葬式のあと、会葬者に出すお礼状）についても葬儀社に見本があるので、打ち合わせの際に決めておくといいでしょう。この会葬礼状は、今は、葬儀のときに出口で、清めの塩などと一緒に渡すのが主流になっています。

勤務先などへの連絡は、窓口になってくれるセクションの担当者に連絡して、あとの手はずをお願いします。

死亡通知状の押さえておかなければいけないポイントは次の通りです。

【死亡通知のポイント】

●喪主の氏名　●故人の氏名　●死亡の日時　●死亡の原因　●享年　●通夜、葬儀の日時と場所

夫　○○○○　儀　病気療養中の処○○月○○日　死去いたしました
生前のご厚誼を深謝し謹んでご通知申し上げます
追って葬儀及び告別式は仏式により左記の通り執り行います

記

一、日時　○○月○○日（○）　葬儀　午後○時～午後○時
告別式　午後○時～午後○時
一、場所　○○斎場　東京都○○区○○町一丁目一番一号
電話　○三（○○○○）○○○○番

平成○○年○○月

東京都○○○○区○○○町○丁目○番○○号
喪主　○○○○
外　親戚一同

死亡広告を出すときは

故人が著名だったり、つきあいが広くて連絡先があまりに多い場合は、新聞の死亡広告を利用します。新聞社に頼んですぐに掲載されるとは限らないので、葬儀や告別式の日程は余裕を持たせたほうがいいでしょう。

掲載の申し込みは、全国紙は葬儀前日の午後5時までとなっているようです。全国紙の地方版に掲載する場合は、前日の午後10時ぐらいまでならぎりぎり大丈夫なようです。掲載料の目安は新聞社によっていろいろですが、全国版で1段1cmのスペースが約12万～18万円。東京版は6万5000～11万円。大阪版は4万1000～6万円程度です。

○○　○○儀　かねてより病気療養中のところ○月○日午後○時○○分○○歳にて永眠いたしました　ここに生前のご厚誼を深謝し謹んでご通知申し上げます
通夜 葬儀は近親者にて相済ませました
告別式は左記により相営みます

記

一、日　時　○月○日（○）　午後一時
一、場　所　○○○○葬儀所
勝手ながらご香典 ご供花 ご供物の儀は固くご辞退申し上げます
平成○○年○月○日
東京都○○区○○町○○番○○号
喪　主　○○○○

通夜の準備と作法

納棺をする

遺体を納棺するタイミングに決まりがあるわけではありませんが、**お通夜の前に、家族がそろったところで行なうのが一般的**です。

仏式の場合、「死出の旅路」に経帷子（きょうかたびら）を着せて、白足袋にわらじをはかせたりするのが昔からの慣わしでしたが、今は、喪服やゆかた、故人が愛用していた着物や洋服などを着せ、手に数珠をかける程度になっています。

棺には、故人が生前愛用していた品々を添えてあげます。棺に入れるものは、金属のものや宝石などの燃えにくいものは避けるようにしてください。

納棺が済んだら、棺にフタをして、その上に金色の布をかけて祭壇の前に安置します。このとき、地方によっては、「守り刀」を棺の上に置くところもあります。

今は半通夜が一般的

通夜は本来、故人を偲び、冥福を祈るために近親者や友人など身近な人たちが集まり、夜通しでろうそくや線香の火を絶やさないようにし、文字通り夜を通して、最後の別れをともに過ごすためのものでした。また、昔は、死んだ人には悪霊がとりつくといわれていて、その悪霊から遺体を守るためでもあったのです。

でも今は、遺体を守るのは家族や兄弟などの近親者だけになっています。一般的には、夕

方から読経が始まり、弔問客が次々に焼香をして早めに切り上げる、**「半通夜」と呼ばれる形式がほぼ常識**になっているのです。

通夜の準備の確認事項

　バタバタと気が急いていると、うっかりミスも多くなりがちです。**通夜が始まる前に、供花や供え物の並べ方、名前や席順に間違いがないか**を確認しておきましょう。

　通夜の準備としては、家で行なう場合は、玄関に「忌中」の張り紙をし、周辺の道路の要所要所には、家までの道順を示す張り紙をしておきます。

供花や供物の名前に間違いがないかをよく確認し、棺に近いところから故人と血縁の深い順に並べます。

　通夜での席の並び方は、祭壇に向かって右側に遺族が並び、棺に近いところから喪主、遺族、近親者の順に。弔問客は左側に並ぶのが習わしです。

　焼香を終えた弔問客には通夜ぶるまいをします。料理やお酒が不足した場合に、何が追加できるかを事前に確認しておいたほうがいいでしょう。

通夜式の作法

　仏式の場合、通夜式は僧侶の読経で始まりますが、その前に、読経の後で法話をしていただけるのか、通夜ぶるまいを受けていただけるのか、といったことを確認しておきます。

　喪主、遺族は、早めに着席して、僧侶の入場を待つようにします。

僧侶の読経中のタイミングで、喪主、遺族、近親者、弔問客の順に焼香をします。焼香の仕方にも2つあって、祭壇の前に進んで行なう場合と、読経のあいだに香炉を順次回して、席に着いたまま行なうやり方があります。いずれにしても、会葬者全員の焼香が終わりしだい通夜式は終了となります。

僧侶が退場した後、弔問のお礼と、故人が生前お世話になったことへの感謝を簡潔に述べ、通夜ぶるまいの席に案内します。

通夜ぶるまいは、予定の時刻に打ち切るというわけにはなかなかいきませんが、頃合いを見計らって、喪主か世話役代表の人が挨拶をして、お開きになります。**このときの挨拶は、次のようなものが通例**になっているので、参考にしてください。

> 「本日はお忙しいところお集まりいただきまして、誠にありがとうございます。
> △△もさぞかし喜んでいることでしょう。
> 遠くからお越しいただいている方もいらっしゃると思いますので、この辺りでお開きにさせていただきたいと思います。
> ありがとうございました」

葬儀・告別式の準備と作法

葬儀と告別式の違いとは？

本来、葬儀とは、遺族や近親者、友人、知人などが集まって、故人の成仏を祈る儀式でした。

一方、告別式は、会葬者が故人とお別れをする、いわば社会的な儀式のことでした。

しかし今は、著名人などは別にして、葬儀と告別式を組み合わせて、葬儀からそのまま告別式の流れになるのが主流になっています。

葬儀・告別式の進行については、葬儀社のスタッフが仕切ってくれるのがほとんどですが、大規模な葬儀の場合は、次のようなことについて把握しておく必要があります。

- 葬儀委員長の挨拶の時間
- 弔辞を依頼した人数と弔辞に要する時間
- 弔電紹介の時間
- 焼香の順番と人数、かかる時間
- 喪主の挨拶の時間
- 葬儀と告別式のトータルの所要時間

大規模な葬儀では、役割分担を決めておく

小規模の葬儀なら、きっちり役割分担しなくてもそれほど混乱することはありませんが、大規模な葬儀となると、役割をしっかり決めておかないと式がスムーズに進みません。「受付係」「進行係」「会場係」「接待係」の4つの係くらいは、担当者を事前に決めておきたいものです。進行係や会場係については、ほとんどの場合、葬儀社のスタッフが仕切ってくれますが、手が足りなくなる場合も少なくないのです。

それぞれの係がやるべきことは、次の通りです。

〔受付係〕

葬儀会場に白い布をかぶせた机を用意し、「受付」の表示をします。用意すべきものは、会葬者名簿と供花・供物記録帳、筆やペンなどの筆記用具、名刺受け、香典受けなどです。

受付係は会計係を兼ね、香典の確認なども行なうので、信頼できることが第一条件。その中で、経理経験者か計算が得意な人に任せると安心でしょう。

〔進行係〕

弔辞の依頼の確認、弔辞の整理はもちろん

のこと、司会役を任される場合もあります。火葬場に行ってもらえる会葬者の確認と依頼、「火葬許可証」の確認もします。

〔会場係〕

会場係は、来賓を控え室や予定の席に案内したり、会葬者が多い場合は回し焼香のための香炉盆を用意したり、会葬礼状を配ったりするのに必要な役割です。ほとんどの場合、葬儀社のスタッフがやってくれますが、手が足りなくなるケースも少なくないので、いつでもサポートできるように会場係を決めておいたほうがいいのです。

〔接待係〕

火葬場の控え室で、骨あげまでの待ち時間にお茶やお菓子を出すなどして、僧侶や来賓を接待します。

葬儀・告別式の流れ

宗派や規模によっても異なりますが、だいたい次のように進行することが多いので参考にしてください。

①受付を始める

②席について僧侶の入場を待つ

祭壇に向かって右側に遺族、近親者、親族の順に着席し、祭壇の左側には、葬儀委員長や世話人代表、友人・知人などの順に座ってもらい、僧侶の入場を待ちます。

③「開式の辞」の挨拶から読経

進行係によって「開式の辞」の挨拶が行なわれると、僧侶による読経が始まります。読経は、おおむね30分程度です。

④弔辞を捧げる

読経が終わると、弔辞を捧げていただきます。弔辞は1人3分程度で、故人と親しかった人の中から何人かに依頼しておくといいでしょう。弔辞が終わると進行係はお礼を述べ、弔電の紹介へと移ります。弔電がたくさんある場合は「ほかに○通頂戴しておりますが、時間の関係で省略させていただきます」と挨拶して次に移ります。

⑤遺族が焼香をする

僧侶が焼香したあと、2回目の読経が始ります。そのタイミングで、進行係が「これより焼香に移ります」と挨拶し、喪主、遺族、近親者…の順に焼香をして行きます。

⑥遺族が会葬者の方に向いて座り直す

焼香がすべて終わると、進行係が葬儀終了の挨拶をし、一般の会葬者が焼香できるように中央を開けるようにします。司会者、あるいは進行係が「引き続き告別式に移ります」と告げると同時に、祭壇のほうを向いていた喪主、遺族は、会葬者のほうに向いて座り直します。

⑦一般の会葬者が焼香をする

僧侶の読経とともに、一般の会葬者は焼香を始め、遺族は会葬者のひとり一人に返礼します。一般会葬者の焼香が終わると、僧侶は退場します。その時、遺族や関係者は、僧侶に謝意を示すために頭を下げます。

⑧告別式終了の挨拶

進行係か司会者の告別式終了の挨拶があり、告別式は終了となります。規模の小さな葬式や自宅で葬式を行なう場合などは、葬儀と告別式を一緒に行なうことが多いので、告別式開始、終了の挨拶は、特にしないのが普通になっています。さらに、葬儀・告別式のお経に続いて初七日の法要を行なうのが当たり前になっています。

出棺と火葬場での作法

最後の対面

告別式が終わると、祭壇の生花を遺体の周囲に添えながら最後の対面をします。

続いて、遺族や近親者で棺のふたを閉め、**「釘打の儀」**を行います。頭のほうから足のほうへと、小石を使って1人2回ずつトントンと軽く釘を打つのがしきたりですが、実際は、葬儀社が用意してくれた金槌を使うなど簡略化されています。

霊柩車に棺を運ぶ場合、関東では遺体の足のほうから、関西では頭のほうを先にして霊柩車に運ぶ慣習があります。

霊柩車に棺を運び終えると、遺族は霊柩車を見送ってくれる会葬者の前に並んで、代表者が謝意を述べ、火葬場に向けて出発します。

霊柩車やハイヤーの運転手に心づけを

霊柩車や遺族などが乗るハイヤーの運転手には、心づけを渡すようにします。金額はところによって違うので、葬儀社のスタッフや経験者に聞いておくといいでしょう。目安としては、運転手には2000円～3000円といったところです。

火葬場に着いたら、係員によってかまどの前に安置されます。僧侶の最後の読経とともに、全員で焼香をします。

火葬には1時間前後かかるので、待ち時間のあいだ、茶菓やお酒の用意をし、控え室で接待をしながら故人を偲びます。

火葬が終わると、遺族、近親者で骨を拾い、骨壺に入れます。

分骨には火葬場の許可書が必要

分骨する場合は、骨壺を2つ用意して行ないますが、これには許可書が必要なので、**火葬場の係員に許可書を出してくれるように頼む必要があります**。

骨あげが済むと、火葬場の係員が骨壺を桐の箱に納めてくれて、白布に包んで渡してくれます。

喪主は、その遺骨を両手で持ち、位牌や遺影は別の遺族が持つようにします。

仏式では、火葬場から戻ったら水で手を清め、清めの塩をかけます。キリスト教は、こうした清めの儀式はしません。

初七日と環骨法要をあわせて行う

本来は、遺骨を安置したら、初めに「還骨法要」と呼ばれる読経を行ない、焼香をして葬儀を終えるのが習わしです。今は、葬儀後に「還骨法要」のお経に続いて初七日の法要もあわせて行うのが当たり前になっています。

ねぎらいの心を込めた精進落とし

精進落としの作法

精進落としは本来、四十九日が明けてから行なうものでしたが、**近年は、葬儀の日と同じ日に行なうのが常識**になっています。

精進落としとは、古来、家族が亡くなると、葬儀が終わるまで生ぐさいものを断ち、修行僧が食べている野菜や豆類、穀物を工夫して調理した精進料理で過ごす習わしがあり、四十九日が明け、このとき初めて肉や魚を食べることをいいます。

その席で、遺族の代表が無事葬儀を済ませることができた事へのお礼の挨拶をし、労をねぎらいます。

精進落としは、ダラダラ続けないように気を配り、一段落したら、サッとお開きにします。

精進落としを省略する場合は、「御膳料」を包むようにします。

精進落としのあとで四十九日の打ち合わせ

精進落としのあと、**近親者で四十九日など、その後の法要について打ち合わせや確認**をしておくといいでしょう。

葬儀の時の諸経費の清算や事務的な引き継ぎも、精進落としのあとでさっさと早めにかたづけておきましょう。引き継ぎは、会葬者名簿、弔問客の名刺、香典、香典帳、供物・供花の記録帳、弔辞、弔電、現金出納帳、領収書、請求書などです。特に香典は、あとでトラブルにならないように正確な合計金額をこの時にきちんと確認しておきたいものです。

遺骨は、自宅に持ち帰り、葬儀社が用意してくれる後飾り壇に安置します。そして、毎日線香をあげながら忌明けの四十九日を待ちます。**最近では、遺骨は埋葬の日まで、寺の納骨堂であずかってもらう場合が多い**ようです。

うっかり忘れがちな名義変更の手続き

故人の名義で契約していてたら変更する

水道・ガス・電気を、もし**故人の名義で契約**していて、引き続き遺族が使用するなら、すみやかに**名義変更の手続き**をしてください。

手続きと言っても、電話1本で済むので、それほど手間のかかることではありません。それぞれの連絡先や手続きに必要な「お客さま番号」などは、手元にある払い込み票、領収書、請求書などに記載されています。

これらの料金が自動的に引き落とされている口座は凍結されているはずなので、すぐにライフラインがストップしてしまいます。電話やインターネットプロバイダの名義変更の手続きも同じように案外忘れがちなので、気をつけたいものです。

葬儀が終わっても、安心していられない

葬儀が終わっても、遺族は、まだまだホッとしてはいられません。するべきことが山積みだからです。疲れもたまっていることなので、なるべくなら要領よく済ませたいものです。

まず、葬儀社へのお礼の挨拶と支払いを済ませておく必要があります。葬儀が終わった数日後に、葬儀社から請求書が届くので、このとき、事前の見積書と照らし合わせ、大幅に違っているなど不明なところは問い合わせて、きちんと納得してから支払うようにしてください。通夜ぶるまいや精進落としの飲食代も早めに清算しましょう。

ちなみに、**葬儀にまつわる費用は、相続税の課税対象から差し引くことができます。**相

続手続きが完了するまで、葬儀にかかった一連の領収書はまとめて、大切に保管しておいてください。

寺院などへのお布施の相場とは？

檀家になっているなど、寺院との付き合いが普段から密な人は例外として、普通は、寺院のお世話になることなどほとんどないのが一般的でしょう。葬儀や法事の「お布施」をいくらくらい包めばいいのかということになると、「う～ん、わからない。見当もつかないよ」と言う人がほとんどではないでしょうか。

当然ながら、お布施には料金表はありません。そこで、日本消費者協会が調べた結果を参考にすると、48万6000円がお布施と戒名料を合わせた金額の全国平均になっているようです。もちろん、これは平均値なので、15万円だった人もいれば、うちは100万円を包んだよと言う人もいるはずです。これも相談次第で、中には10万円以下で引き受けてくれる、庶民の味方のお寺の僧侶もいるので心配しなくても大丈夫です。日本消費者協会の調査したお布施の平均額には、戒名料から通夜、葬儀、火葬場、初七日までのお布施まで含まれたものだそうです。なお、**寺院などへ葬儀のお礼に出向くときは、お布施だけでなく、菓子折りなどを持参するのが慣例**になっています。

菓子折り持参でお礼の挨拶回り

葬儀の翌日からは喪主や遺族が出向いて、お世話になった方々への挨拶回りをします。このとき、菓子折りなどを持参して、感謝の気持ちを表します。服装は、喪服でなくとも地味目の平服なら失礼にあたることはありません。

受付係や進行係などをやっていただいた世話役の方々にも菓子折りを持参してお礼を述べましょう。忌明けに香典返しをするとはいえ、世話人や会社へは感謝の気持ちを込めて、お礼の品を持って挨拶にうかがいたいものです。

遠隔地などで訪ねて行って挨拶できない人には、電話でお礼を述べるようにするといいでしょう。

納骨はいつすればいいの？

仏式では、初七日から四十九日までの7日ごとの法要の中で、都合のいい日を選んで納骨をすればいいことになっています。実態は、地方によってさまざまなので一概には言えないのですが、やはり四十九日の法要の時に行なうのがもっとも多いようです。

といっても、納骨できるお墓がすでにあればの話です。お墓をまだ用意していない場合は、四十九日にはとても間に合わないので慌てる必要はありません。

納骨の当日には、遺骨と埋葬許可証、霊園墓地に埋葬する場合は、墓や納骨堂の使用名義人の使用許可証、印鑑を持参するのを忘れないようにします。線香とろうそく、花やマッチ（ライター）なども持参してください。

神式では、10日目ごとの霊祭の日に納骨・埋葬し、なかでも五十日祭に行なうのがもっとも多くなっています。

キリスト教では、カトリックなら7日目の追悼ミサの日、プロテスタントは翌月の召天記念日などを選んで納骨、埋葬することが多いようです。

すぐに納骨できない場合は「仮納骨」という手もある

長い間納骨ができない事情がある場合は、「仮納骨」と言って、**菩提寺、民営霊園や公営霊園の納骨堂などで一時的に預かってもらい**、一周忌や三回忌に納骨をすることもできます。この場合、事前に菩提寺や霊園に申し込んで、許可を受ける必要があります。

一方で、「永代納骨」と言って、お寺や霊園の納骨堂に永久に預けることも可能です。

墓地を購入する意思がない場合に利用するといいでしょう。ただし、あとになって墓地を購入しても遺骨を返してもらえないシステムになっている場合もあるので、よく検討し

てから利用しなければなりません。

納骨のときは、遺族や親族の手でお墓のふたを閉めるようにします。僧侶がお経を済ませたら、焼香をし、手を合わせ、故人の冥福を静かに祈ります。

忌明けにする香典返しは2分の1が目安

本来、香典は弔問客が故人の冥福を祈り、遺族の葬儀にともなう多額の出費を気遣い、相互扶助的な意味合いを込めて持ち寄るものです。つまり、本来は、「香典返し」の形で必ずしも品物でお返しをする必要がないはずなのです。

しかしながら、四十九日の忌明けに「香典返し」を贈ることで感謝の気持ちを表すというのが、日本人の常識としてすっかり定着しています。挨拶状を添えて香典返しを贈るのは、いまや日本の風物詩といってもいいでしょう。

この**「香典返し」は、いただいた香典の金額の半分から3分の1程度の品物でお返し**をするのが、通例になっています。最近は、商品券やカタログギフトで好みのものを選んでもらうのがトレンドになっていますが、「香典返し」の目的は、あくまでも感謝の気持ちを伝えるものであることを忘れないようにしたいものです。大手の葬儀社では、デパートやギフト専門業者と提携して、香典返しの手配をしてくれるところが多くなっているので、忙しい場合は、こうしたサービスを利用するといいでしょう。

忌明けの四十九日にすることとは

四十九日の法要の作法

　仏式では、故人が亡くなってから7日ごとに供養を行うことになっています。とはいえ、初七日以降の法要は、特に都会では、内輪だけで済ませることが多く、お経なども省略するのが一般的です。

　しかし、四十九日は忌明けの日となり、僧侶に読経をお願いし、忌明けの会食をするのが習わしになっています。

　仏教の教えでは、人が死ぬと四十九日まで、7日ごとに故人の生前の罪を裁く審判が行なわれ、その間は死者の魂が成仏できずに迷っているとされています。

　その7回目の審判にあたる四十九日目に最後の審判がくだり、この日で魂が現世を離れ、迷わずあの世へと旅経つことができる、いわゆる「忌明け」の日となるわけです。

　したがって、遺族は忌明けの四十九日までは喪に服する期間であり、**結婚式などのお祝い事への参加は避ける**ようにします。

　四十九日の法要後は、位牌も白木のものから「塗り位牌」に替えて、僧侶に「入魂供養」をしてもらいます。

　また、四十九日のあとは、命日に行なう「年忌法要」があります。

　亡くなった翌年の命日に行なうのが「一周忌」、2年目は「三回忌」となり、以降、「七回忌」、「十三回忌」「十七回忌」という間隔で法要を行うことになっています。

　四十九日の法要の準備は、次のようにするといいでしょう。

①日時と招待をする人を決める
　四十九日の法要の日時は、お寺や親戚と相

談して、早めに決めておきます。命日から数えてちょうど四十九日目になるのが理想的ですが、参列者の都合も考えると、なかなかそううまくはいきません。

四十九日の直前の土曜日か日曜日にすることが多いようです。気をつけたいのは、四十九日を過ぎてしまうのは不可とされていることです。

日時が決まれば、招待する人を決めます。親戚一同は当然ですが、できれば故人の親友や旧友にも声をかけて招きたいものです。

②会場を決める

会場は、自宅でもいいですし、菩提寺や葬儀会館、ホテルを利用するのもいいでしょう。

菩提寺に頼む場合は、お寺の都合を、葬儀会館やホテルの場合は予約の状況を確認し、大丈夫なら予約をして押さえておく必要があります。

③法要の案内状を送る

日時と場所、招待する人が決まったら1ヵ

月前には案内状を発送するようにしましょう。封書の形で案内状と返信用はがきを同封し、出欠の確認をします。

④お寺との打ち合わせをする

僧侶の人数や送迎方法を決めておきます。

⑤法要後の会食の出欠を把握しておく。

法要のあとに会食をするのが一般的な流れです。会場の予約には人数を伝えることが必要なので、前もって会食の出欠を把握しておく必要があるのです。

⑥会席の予約をする

法要が済んだあと、僧侶や法要に来てくれた人たちをもてなす席を設けるのが習わしです。一同がそろって会食できる会場、料亭などを探して予約を入れておきます。出欠を確認するはがきが戻ってきて人数が確定したら、人数分の料理の手配の予約をします。法事が終わる時間や移動の時間を考慮して、予約を入れるようにしましょう。

⑦金額を決めておく

不祝儀袋を用意し、表に「御布施」と書き、その下に法要の主催者の姓名を記します。

自家用車で僧侶の送迎をしない場合は、お布施とは別に「御車代」を包み、会席に参加しない場合も「御膳料」を渡すのが慣例です。法要当日には準備をしておきましょう。

⑧引き出物を用意する

四十九日の法要では、引き出物を用意し、参加してくれた人にお礼の気持ちを込めて渡すのが通例です。引き出物の表には、「粗供養」「志」「満中陰志」などとします。デパートなどで「法事用にお願いします」と頼めば、こうした用紙で包んでくれるはずです。

⑨本位牌を用意する

四十九日までは、白木の位牌でも大丈夫ですが、法要のあとのお仏壇には、魂を入れた本位牌を納めてあげたいものです。白木の位牌は菩提寺に納めてください。菩提寺がなければ、読経供養に来た僧侶に頼んでお寺に持ち帰ってもらい、お焚き上げをしてもらいます。

お墓も四十九日の法要までに用意しておけば、忌明けとともに遺骨を納められるので、最良の供養になるでしょう。

とはいっても、慌ててお墓を求めるのは後悔のもと。くれぐれも慎重に検討をすることをおすすめします。

忌明けの法要の流れ

法要の進め方に決まりはありませんが、予定の時刻に参列者が会場に集まって、僧侶のお経が始まり、参列者全員が焼香をし、僧侶の法話……という流れが一般的です。法要をお願いするお寺の僧侶と打ち合わせをして、こうした一連の流れを確認しておけば安心です。

お墓がすでにある場合は、僧侶の法話が終わってから納骨のために一同でお墓に向かいます。

お墓では、石材屋さんに頼んでおけば、遺骨をお墓に納める手助けをしてもらえます。

あらかじめ用意したお花を供え、墓石などに水をかけてお参りをします。

会席を設ける

法要のあとは、僧侶や法要に集まってくれた人たちをもてなすために会席を設けて、みんなで会食をします。会席の会場によってきちんと上座・下座が決められない場合もありますが、一応、席順としては僧侶を上座に、親戚や親しかった友人の順に並び、遺族や近親者は末席に座るのが通例です。

会食の前に、遺族の代表者が法要に集まってもらったお礼の挨拶をし、会食が終わって帰りがけに、僧侶にお布施を渡し、参列者には、用意した引き出物を持ち帰っていただきます。

形見分けってどうするの？

故人との思い出を大切にするために、生前に愛用していたものをごく親しい人に贈ることが「形見分け」の本当の姿です。ものが溢れた時代の中では、ずいぶん影が薄くなった感がありますが、故人と縁ある人に、愛用の品を長く持っていてほしいと思う遺族の純粋な気持ちは、昔も今も変わってはいないはずです。

ただ、**貴重品や貴金属などの高価なものは相続税の対象になってしまいますし、贈与税にも触れるので、注意する必要があります。**

ところで、**故人よりも目上の人に形見分けをするのは、失礼にあたる**というのはご存知だったでしょうか。もちろん、本人から希望があった場合は、まったく失礼にはあたらないのですが、そうでないときには、目上の人にうっかり「形見分けですから、もらっていただけませんか」と、口を滑らさないように気をつけたいものです。

形見分けは忌明けの法要後に

形見分けのタイミングは、決まっているわけではありませんが、忌明けの法要のあとで行なうのが一般的になっています。神道では、五十日祭か三十日祭、キリスト教なら1ヵ月目の召天記念日に行なうことが多いようです。

形見分けは、遺品を贈られる人が喜ぶものでなければ意味がありません。もらう側も、欲しいものでなければ迷惑に感じるだけかもしれないのです。あらかじめ、意向を確認してから贈ったほうがいいでしょう。

故人が集めた蔵書や資料、趣味のものなどの質や量によっては、研究機関などに寄贈することも考えられます。

喪中はがきを出す

明治7年に発令された「太政官布告」では、自宅で謹慎する忌中と、死を悼み身を慎む「服喪」の期間がことこまかに定められていました。この法令は昭和22年にすべて撤廃されましたが、仏事の慣例として今も残っています。たとえば、**四十九日までは忌中で、一周忌までの1年間は喪中**とされていることです。

喪中の期間に新年を迎える場合は、年賀欠礼といって、慶事を避ける意味から年賀状を出さず、代わりに年賀欠礼の喪中はがきを郵送するのが一般的になっているのは、その名残と言えるでしょう。門松などの門や玄関の正月飾りや、鏡餅などの飾り付け、正月料理も避け、年始回りや神社、仏閣への初詣も控えるのが常識になっています。

健康保険に申請すれば葬祭費や埋葬費がもらえる

健康保険証は、被保険者である本人や扶養家族が亡くなったときには、すみやかに返却、あるいは変更の手続きが必要ですが、**この健康保険から葬祭費や埋葬費の一部がもらえる**ことをご存知でしょうか。

国民健康保険（国保）では、保険の対象者が亡くなった場合、葬祭費として3万円〜7万円（自治体によって異なります）ほどが申請者である喪主に支給されます。また、健康保険（健保）の場合は、本人はもちろん、扶養家族が亡くなったときも埋葬料として一律5万円が支給されます（健保組合によっては、埋葬料とは別に埋葬付加金が加えられて支給される場合もあります）。

申請の仕方は、国保なら次の書類をそろえ

て市役所や区役所、市町村役場に届けます。

○役所や役場に用意されている「国民健康保険葬祭費支給申請書」
○国民健康保険証
○死亡診断書
○葬儀費用の領収書
○喪主の印鑑
○喪主名義の口座振替依頼書など

健保の場合は、次のような書類をそろえて社会保険事務所か勤務先の健康保険組合に申請します。

○「健康保険埋葬料」請求書
○健康保険証
○死亡を証明する事業所の書類
○葬儀費用領収書
○印鑑など

申請の期限は葬儀の日から2年以内で、いずれも申請の手続きをしないともらえません。

お位牌とお仏壇のことを考える

お位牌とは何なのか

位牌は亡くなった人の戒名や死亡年月日を記してお祀りするもの。仮に、故人の霊魂が宿る場所だと考えれば、位牌は大きな意味を持つものになります。

日本には、鎌倉時代に禅僧たちが持ち込み、江戸時代になって、一般庶民の仏壇の中に位牌を祀るようになったとされています。

四十九日に本位牌

通常、四十九日の忌明けの法要までは仮の位牌として白木の位牌を祀りますが、四十九日の法要のときに、黒塗りか、あるいは唐木の「本位牌」を仏壇に納めます。その理由は、仏教では、故人が亡くなってから四十九日の後に、故人の霊魂が浄土に往生すると考えられているからです。

「本位牌」には一般的に、位牌の表には戒名と死亡した年月日、裏面には生前の名前と享年などを記します。また、夫婦連名にする場合もありますし、先祖代々の位牌として、1つの位牌に数名分をまとめてしまうこともあります。

「本位牌」を作るのには、仏壇店にもよりますが、注文してから10日以上かかることもあるので、四十九日の忌明けの法要までに余裕を持って手元に届くように注文しておくなど、早くから準備することが必要です。

ちなみに、位牌に対する考え方は宗教によって相違があるので、注意したほうがいいでしょう。たとえば、浄土真宗の場合は、原則位牌を作らないことになっているのです。

お仏壇の意味

仏壇はその言葉が示すように、仏様をお祀りする「壇」のことです。法隆寺にある飛鳥時代の仏教工芸品である「玉虫厨子（たまむしのずし）」が仏壇のルーツだといわれていますが、家庭の仏壇は、寺院にある仏壇を小型化したものだと考えればいいでしょう。

つまり、お家の中の小さなお寺のような存在なのです。お寺まで行かなくても、毎日家庭で「おはようございます」、「今日も1日ありがとうございました」などと、ご本尊やご先祖に合掌礼拝して挨拶ができますし、いつでも手を合わせて故人を偲ぶことができるわけですね。

本来は、宗教的な意味合いで始った仏壇ですが、今日では、宗教的な祭壇としてではなく、亡くなった家族を偲ぶ象徴として意義のあるものになっています。ある意味、仏壇や位牌は、あの世にいる故人と、現世にいる私たちとを結ぶ「扉」のような存在だと言えるのです。

仏壇の購入時期はいつがいい？

これまで仏壇が家庭になく、家族が亡くなって必要になった場合、どんなタイミングで購入すればいいのでしょうか。

仏壇の購入には、特にいい日だとか、悪い時期があるわけではありません。家族が亡くなって、位牌を納めるために必要な場合は、四十九日の法要までに購入するのがいいとは言えますが、どうしても間に合わさなければならないわけでもないのです。

一般的には、四十九日に間に合わなければ、お盆の時期や、お彼岸、年回忌、家の新築などを契機に購入する場合が多いようです。「故人の魂がやすらかになってもらいたい」、「そろそろ位牌を安らぐところに納めてあげたい」と思ったときが、よい購入時期だと言えるのではないでしょうか。

お仏壇を購入したら開眼供養をする

仏壇を購入したら、お寺で「開眼供養」の読経をあげてもらうのが古くからの習わしになっています。これをすることで初めて、仏壇に納めるご本尊や位牌が礼拝の対象になり、読経によって仏壇もただの木の箱から霊験なる仏壇になるのです。

僧侶に家にきていただいて「開眼供養」をしてもらうのが難しい場合は、新しい本尊や位牌をお寺に持参してして、魂入れをしていただいても開眼供養の代わりになるとされています。

【法要とその内容】

〔初七日（しょなのか）**〕** 死亡日を加えた7日目に行なう初めての法要ですが、今は、葬儀のあと、火葬場から自宅に戻り、遺骨を安置して「還骨法要」の読経のあとに初七日の法要も行うのが一般的になっています。

〔二七日（ふたなのか）**〕** 死亡日を加えた日から14日目に行なう法要です。遺族や近親者だけで行なうことが多いようです。

〔三七日（みなのか）**〕** 死亡日を加えた日から21日目に遺族、近親者だけで行ないます。

〔四七日（よなのか）**〕** 死亡日を加えた日から数えて28日目の法要。遺族、近親者だけで行ないます。

〔五七日（いつなのか）**〕** 死亡日を加えた日から35日目の法要。宗派によっては忌明けの供養を行なう場合があります。

〔六七日（むなのか）**〕** 死亡日を加えた日から42日目の法要。遺族や近親者だけで行なうことが多いようです。

〔七七日（しちしちにち）**忌〕** 死亡日を加えた日から**四十九日**目に行なう忌明けの法要です。近親者や知人を招き、忌明けの法要を行ったあとに、会席を設けて宴を開きます。白木の位牌を菩提寺に納め、本位牌を仏壇に納めます。

〔百カ日〕 死亡日から１００日目の法事。近親者や知人を招いて供養します。

〔一周忌〕 満1年目を迎えた日に、近親者や知人を招いて故人を偲び、供養します。

〔三回忌〕 満2年目に近親者、知人を招き、故人を偲んで供養します。

〔七回忌〕 満6年目の命日に、近親者や知人を招き、故人を偲んで供養します。

〔十三回忌〕 満12年目の命日に、近親者や知人を招いて供養します。

〔十七回忌〕 満16年目に近親者や知人を招いて、故人を偲びながら供養をします。

〔二十三回忌〕 宗派によって異なりますが、二十七回忌、三十三回忌、そして五十回忌で法要を終え、永代供養します

第二章

生命保険請求、故人名義の銀行口座の凍結……

すぐにやらなければいけないお金のことを考える

どうしよう、故人名義の口座が凍結して引き出せなくなった

故人名義の銀行口座はすぐに停止する

故人名義の銀行口座や郵便貯金は、死亡がわかった時点で凍結してしまい、引き出せなくなってしまいます。これは、死亡の瞬間から故人の財産は相続財産としてとらえられ、相続の対象になるからです。だから、金融機関は預金や貯金の名義人の死亡を知った時点で、口座をストップさせるわけです。

この口座の凍結中は、引き出しはもちろん、入金、送金、自動引き落としされているさまざまな公共料金や、毎月のローンも引き落とせなくなります。

口座凍結でも150万円までおろせる奥の手とは

「自分の葬式代くらいは貯金しているから

ね」と故人が生前言っていたとしても、凍結してしまっておろせないのでは、葬式費用にもできません。**口座の凍結は、遺族による遺産分割が確定して、「遺産分割協議書」を作成するまで続きます。**

しかしながら、こうした遺産分割の手続きを終えるには、ずいぶん長く時間がかかってしまいます。故人の預金を葬儀費用や病院の支払い、当面の生活費としてあてにしていたとしたら、これではとても間に合いません。

こんなときは、故人の葬儀の支払いや病院の支払いに必要であることを金融機関の窓口に申し出れば、150万円ぐらいの範囲なら引き出しが可能になります。**葬儀社の発行した請求書などを持参して、まずは金融機関の担当者に相談してみることです。**相談の際に必要なものは、金融機関によって異なりますが、最低限、次のようなものが必要になります。

- ●故人の戸籍謄本か除籍謄本
- ●相続人全員の戸籍謄本
- ●相続人全員の印鑑証明
- ●実印、預貯金通帳、届け印、キャッシュカード、身分証明書など

危篤のときに預金を引き出しておくのは、ゆるされるのか

死亡してしまうと預金口座がすべて凍結して引き出せなくなるなら、「危篤のときに引き出しておけばいいのでは」と、誰しも思うものです。家族とはいえ、人の口座から勝手に引き出すのは、もちろんいけない行為ですが、現実には、そんなふうに対処している人も少なくありません。

この場合、気をつけなければいけないのは、相続税を申告する必要があるケースです。どうしてかと言うと、故人が死亡する前に家族が引き出したお金も、相続財産の一部とみなされ、相続税の対象になるからです。

「口座がストップする前に引き出したって、

何でわかるの？」と疑問に思われるかもしれませんが、税務署の目も節穴ではありません。口座の取引履歴をみれば一目瞭然でわかってしまいます。**死亡直前に引き出した現金は、使途を明確にし、領収書などもしっかり残しておくことが大切**です。

相続税を申告する必要があるのは、「課税される合計額」が基礎控除額を超えた場合です。基礎控除額を超えていたとしても、各種控除を受けたあとの納付税額がゼロになった場合は、申告する必要はありません。

ただし、配偶者は、納付税額の有無にかかわらず申告しないと配偶者控除の適用がなくなるので、きちんと申告しましょう。

生命保険の手続きは早めに

一般的に、あらゆる生命保険、郵便局の簡易保険などは、**支払いの請求をしない限り、受け取ることができない仕組み**になっています。公的医療保険、公的年金、労災保険などとは関係なく支払われるので、早めに生命保険各社の窓口か担当者に連絡をして、手続きをしましょう。当然ながら、早く手続きをすれば、それだけ早く支給されることになります。

業務中の事故で亡くなった

業務中や通勤途中の事故などで亡くなった場合は、労災保険が適用され、遺族年金、遺族補償一時金、埋葬料などがもらえます。手続きの窓口は、勤務先の所轄の労働基準監督署になりますが、実際、申請手続きは勤務先の総務部などが代行してくれるのが一般的です。

企業によっては、労災事故の際に独自の支給規定が設けられている場合もあるので、勤務先の総務部の担当者に相談をしてみてください。

高額療養費も
健康保険から還付される

健保に申請すれば「埋葬費」が5万円支給されることはすでに紹介しましたが、このほかに、公的医療保険では、**故人が入院中にかかった高額療養費の還付請求もできます。**

高額療養費というのは、医療機関や薬局の窓口で支払った額が一定額を超えた場合に、その超えた金額を公的医療保険から支給して

【高額療養費制度でお金が戻ってくる】

医療機関や薬局の窓口で支払った額が、1ヵ月間（月の初めから終わりまで）で一定額を超えた場合に、その超えた金額を支給する制度です（入院時の食費負担や差額ベッド代等は含みません）。

【例】

100万円の医療費で、窓口の負担（3割）が30万円かかる場合

窓口負担30万円

負担の上限額 80,100円＋

(1,000,000円－267,000円)×1％＝87,430円

212,570円を高額療養費として支給し、実際の自己負担額は87,430円となります。

医療費100万円

高額療養費として

支給30万円－87,430円＝212,570円

※厚生労働省の資料より抜粋

くれる制度のことです。

ごく簡単に説明すると、たとえば、1ヵ月の入院で100万円の医療費だった場合（前ページ別項参照）、窓口負担は3割なので、自己負担として30万円を支払います。しかし、公的医療保険では負担の上限額というのが決まっていて、21万2570円が戻ってくる仕組みになっているのです。つまり、実際の支払額は8万7430円で済むわけです。故人が病院に入院していて医療費が高額だった場合は、高額療養費が還付される可能性が高いので、どのくらいかかったのか把握しておいたほうがいいでしょう。

遺族年金や一時金の請求も忘れずに

故人が厚生年金や国民年金の支給を受けていた場合は、**死亡した日から14日以内に年金停止の手続きをする**ことになっています。

手続きの窓口は、国民年金の老齢基礎年金や厚生年金については社会保険事務所で。障害基礎年金、遺族基礎年金を受給していた場合は市区町村の役所や役場になります。

年金停止の手続きを怠っていると、死亡後も年金が振り込まれてしまい、あとで一括返済しなければならなくなり、面倒なことになるので、決められた期間までに手続きをしたほうが無難です。

故人が国民年金に加入していた場合、遺族は遺族基礎年金か、死亡一時金のいずれかをもらえます。また、厚生年金や共済年金に加入していた場合は、遺族厚生年金、遺族基礎年金に加えて、それぞれの遺族共済金を受給することができます。公的年金の遺族年金は、これからの生活の支えになる大事なものなので、窓口で担当者に納得が行くまで聞いて、確実に手続きをするようにしましょう。

遺族基礎年金は、亡くなった方が次のいずれかにあてはまれば支給されます。

①国民年金に加入中に死亡したとき（会社員

などもが国民年金に加入しているので、この中に含まれます）

②国民年金に加入していて、保険料を払い終えた60歳以上65歳未満の人で、日本に在住中に死亡したとき

③老齢基礎年金を受給しているときに死亡した場合

④老齢基礎年金の受給資格者であるとき（60歳以上65歳未満で待機中、または65歳以上70歳未満で繰り下げ支給を希望して待機中）に死亡した場合

①と②に該当する場合、国民年金加入期間のうち3分の1以上保険料の滞納期間がないことが条件になります。

遺族基礎年金がもらえる遺族とは

遺族基礎年金がもらえる遺族は、次の条件にあてはまる人たちです。

●死亡した人に養われていた18歳未満の子。

●20歳未満で障害等級1級・2級に該当する未婚の子。または、それらの子と生計を同じくしていた妻（内縁関係や事実婚も含みます）

遺族基礎年金は、支給対象者の子が18歳になるまで、あるいは障害等級1・2級に該当する子が20歳になるまで年金の支給を受けることができます。

ただし、その妻や子が死亡したときや、直系血族・直系姻族以外の養子になったときには、遺族基礎年金の受給資格はなくなります。

国民年金の死亡一時金をもらう条件とは

国民年金の「第1号被保険者」として、保険料を3年以上納めた人が、老齢基礎年金や障害基礎年金をもらわずに亡くなり、遺族基礎年金を受けられる遺族がいない場合は、国民年金独自の死亡一時金が、配偶者、子、父母、

孫、祖父母、兄弟姉妹の順番でもらえます。

国民保険の「第1号被保険者」とは、20歳以上60歳未満の自営業者・農業者とその家族、学生、無職の人などで、国民年金だけに加入して、ほかの保険に入っていない人たちのことを指します。

死亡一時金は、年金ではなく文字通りの一時金で、1回だけしかもらえません。もらえる金額は、次のように故人が保険料を納めた期間によって6段階に分けられます。

◎3年以上〜15年未満　12万円
◎15年以上〜20年未満　14万5000円
◎20年以上〜25年未満　17万円
◎25年以上〜30年未満　22万円
◎30年以上〜35年未満　27万円
◎35年以上　32万円
（付加保険料を3年以上納付している場合は、死亡一時金に8500円が加算されます）

※以上のデータは平成26年8月現在のものです。

寡婦年金をもらう手続きも忘れないように

10年以上夫婦生活をしていて、ご主人が亡くなった場合、遺された奥さんは「**寡婦年金（かふねんきん）**」がもらえる可能性があります。

この「寡婦年金」とは、国民年金の保険料納付済み期間と保険料の免除期間（たとえば、障害基礎年金の受給者や生活保護を受けている人は保険料納付が免除されます）を合わせて25年以上になる夫が年金をもらわないまま死亡したとき、遺された妻に支給される年金のことです。

故人と生計を共にしていて、10年以上の夫婦であることに加え、遺族基礎年金の受給する権利がないことが条件になります。

遺族基礎年金とは、18歳未満の子（障害者であれば20歳未満の子）がいる配偶者、または子に支給される年金です。

「寡婦年金」の支給期間は、妻が60歳になってから65歳になるまでの5年間です。たとえば、奥さんが62歳になってからご主人が亡くなり、寡婦年金の受給資格ができた場合、その時点から65歳までの3年間しかもらえないことになります。とはいえ、奥さんが60歳なら、子どもはだいたいは成人しているので、寡婦年金をもらえる権利がある人は、けっこう多いのではないでしょうか。寡婦年金で支給される額は、夫が受け取ることができたはずの老齢基礎年金の4分の3にあたる金額です。

ご主人が25年以上も国民年金を払い続けてきたというのに、1円ももらえずに他界してしまったわけですから、わずか4分の3しか支給されなくても、5年間より短い期間しかもらえなくても、堂々と胸を張って寡婦年金をもらいたいものです。

手続きの方法は、住所地の役所の国民年金課の窓口に用意されている「裁定請求書」という書類に必要事項を記入して提出します。

提出の際に持参するものは、次のようなものです。

○国民年金手帳
○戸籍謄本
○住民票
○所得証明書
○印鑑などです。

故人の確定申告も、相続する人たちの役目

故人の所得税の申告はどうするの？

故人が逝去された年の1月1日から亡くなった日までの所得を計算し、死亡した日から4ヵ月以内に、相続人が税務署に申告することを**「準確定申告」**といいます。

もし、相続人の中に相続を放棄した人がいれば、その人を除いてこの「準確定申告」を行なうことになっています。前年分の確定申告をしないまま亡くなった場合も、相続人が前年分の確定申告をすることになっています。

故人が自営業を営んでいた場合は、特に所得税の申告は必要で、会社員だった場合は、勤務先が年末調整をしてくれるので、相続人がしなくても大丈夫です。

とはいえ、**次のようなケースでは、故人が会社員でも申告が必要**になります。

- 会社が死亡時点での年末調整をしてくれなかった
- 2ヵ所以上で給与をもらっていた
- 給与収入が2000万円を超えていた
- 給与所得や退職金の所得以外に、20万円以上の所得があった
- 家賃収入があった
- 不動産の譲渡所得があった
- 住宅借入金特別控除を受けていた

自己負担が10万円以上の医療費は控除の対象

準確定申告は、さまざまな控除が受けられます。10万円以上の医療費の一部が還付される**医療費控除**もその一つです。

「故人が自分や家族のために支払った医療費

の自己負担額が年間10万円を超えている場合、超過した金額が200万円を限度として所得から控除される」というのがその内容です。

年間所得が200万円未満では、所得の5%以上の医療費の自己負担があった場合に控除が受けられます。

ただし、その医療費控除の対象となるのは、死亡日までに支払った額です。入院中に死亡し、その入院費を死亡後に遺族が支払った場合は、医療費控除に含めることはできません。その場合は、相続財産から控除が受けられます。

医療費控除の申告の際には、医療費や病院までの交通費など、支出を証明する領収書などの添付が必要になります。

また、故人がこれまで医療費の控除を申告していなかった場合は、5年前に遡って還付請求をすることができます。年間で数万円でも、5年分となればけっこうな額が戻ってくることになります。もし申告していなかったら、手続きをして、少しでも葬儀費用の赤字補填にしたいものです。

そのほか、次にあげた社会保険や生命保険も控除の対象になり、配偶者控除、扶養控除も状況によっては受けられる可能性があります。

〔社会保険料、生命保険料、地震保険料の控除〕

控除の対象になるのは、死亡日までに支払った額です。

〔配偶者控除、扶養控除〕

死亡の日の現況により、該当するかどうか税務署によって判定が行なわれます。

準確定申告の提出は、故人の住所地の税務署で

準確定申告は、法定相続人が行ないますが、故人と法定相続人が別々の街に住んでいた場合は、法定相続人が住んでいるところの税務署に申告するのではなく、故人の住所地の税務署に提出します。

相続人が複数いる場合は、連名で同一の書類で行なうようにし、それぞれの相続人の氏名、住所、故人との続柄などを記入した準確定申告の付表を添付して提出します。

所得税は相続人が支払うことになっていますが、相続人が複数いる場合は、相続分に応じた割合で、それぞれが納めるようにします。この負担金額については、それぞれの相続財産から債務の形で控除されます。

請求しなければもらえない生命保険

生命保険はどうやって請求すればいいのか？

故人が生命保険や共済に加入していた場合に気をつけなければならないことは、**受取人が「請求の手続きをしない限りは、生命保険金も共済金も受け取ることができない」**ことです。これを**加入者の「申告義務」**といいます。

保険会社としては、申告・請求がなければ加入者が亡くなったかどうかわからないわけですから、それも当然のことだと思えますが、故人が生命保険や共済に加入していた可能性があれば、きちんと確認しておきたいものです。

考えられるのは、**次の5つの保険**です。

○民間の「**生命保険**」
○郵便局の「**簡易保険**」
○勤務先の「**団体保険**」
○経営者の「**経営者保険**」
○各種団体の「**生命共済**」

ケガによる死亡のときは、民間の「**傷害保険**」も対象になります。加入しているかどうかを確認する方法は、保険証書を探すしかありません。保険証書がしまってある場所を把握していれば問題ないのですが、めったに確認することがないので、イザというときに、「あれ、どこにしまったんだろう?」ということになりがちです。普段からわかりやすいところにしまうように心がけたいものです。

保険証書の4つのチェックポイント

保険証書のチェック項目は、次の4つになります。

①保険の種類
②保険会社の連絡先
③保険金額
④受取人の氏名

この4つを確認したら、指定の手順にしたがって手続きをするだけです。受取人が指定されている場合は、その死亡保険金は、相続財産には含まれません。原則として、保険金の全額が受取人のものになります。

住宅ローンには生命保険が付いている

故人が住宅ローンを月々支払っていて、住宅金融公庫借入金の残高があるときには、一般的には自動的に「生命保険」が付いているものです。これは、住宅ローンを借り入れている人が残高を残して亡くなった場合に、残された遺族が困らないように、加入している生命保険でローンの残りが支払われるような仕組みになっています。

手続きしないでそのままにしていると毎月住宅ローンの引き落としがかかります。そのとき、口座が凍結されて引き落とせない、という状態が続くと面倒なことになる可能性があります。できるだけ早めに手続きを済ませておきましょう。手続きの方法については、金融機関によって多少違うので、借入先の金融機関などで確認してください。

保険金の受け取り方法は

故人がこうした生命保険に加入していたことが確認できたら、**原則的には2ヵ月以内に生命保険会社や生命共済などに申告・通知・請求手続きをしなければなりません。**通知内容は、主に次の5点です。

①保険証書番号
②加入の年月日
③被保険者（故人）の氏名
④死因
⑤死亡年月日

生命保険は2年以内に請求しないと権利がなくなる

この5つは、あくまで一般的な通知事項なので、具体的には、保険証書に記載されている手順と方法にしたがって手続きを行なってください。通常は、所定の手続き用紙があるはずなので、生命保険の窓口に連絡をして、その用紙を送ってもらうことが先決です。

生命保険会社に連絡をしたら、死亡証明書や除籍謄本などの必要書類も早めにそろえておきましょう。**請求手続きのリミットは2年以内です。**それを超えてしまうと、請求する権利を失うことになるので、気をつけてください。

死亡保険金は課税されるの？

生命保険を受け取った人への課税は、所得税、相続税、贈与税のいずれかの対象になりますが、その**保険金を受け取る人が誰であるかによって、取り扱いが異なってきます。**加えて、保険料を誰が負担していたかによっても取り扱いが変わります。

たとえば、被保険者（故人）Aさんの保険料をBさんが負担していて、保険金の受取人もBさんの場合は、所得税の一時所得、または雑所得として課税されます。

被保険者（故人）のAさんが保険料を負担していて、保険金受取人がBさんなら、相続税の対象になります。また、被保険者（故人）Aさんの保険料をBさんが負担していて、保険金を受け取るのがCさんの場合は、贈与税になります。

保険金にかかる税金が所得税になる場合

保険料の負担者と保険金受取人が同一人物なら、所得税の一時所得か雑所得のいずれかになります。

一時所得の場合は、受け取った保険金から支払った保険料の総額を差し引き、さらにそこから一時所得の特別控除50万円を引いた金額の2分の1が、ほかの所得と合算されて課税の対象となるのです。

一方、保険金を年金形式で受け取る場合は、一時所得ではなく雑所得として扱われます。

相続税になる場合

保険料負担者が、自分自身を被保険者として契約している場合、つまり、**被保険者と保険料負担者が同一人物ならば、保険金は相続税の対象**として取り扱われます。先の相続財産の計算式でもわかる通り、たとえば、法定相続人が妻と二人の子どもなら、１５００万円までなら無税になるわけです。

贈与税になる場合

保険金が**贈与税になるのは**、**保険料の負担者と被保険者と保険金の受取人が**、**すべて異なる場合**です。受け取った保険金から、その年のその人の基礎控除額１１０万円を差し引いた金額が課税の対象になります。

贈与税は、ほかの税金に比べて税率が高く、受取人にとって負担額が大きいので、保険の契約時、あるいは契約更新時、契約者名の変更時などの機会に、再検討するといいでしょう。

第三章

新盆・お彼岸・一周忌

初めて迎えるお盆の手順と作法

新盆とは

仏教では、**四十九日の忌明けのあと、初めて迎えるお盆のこと**を「新盆（にいぼん）」、あるいは「初盆（はつぼん）」と呼んでいます。

特に仏教の信者ではなくても、ほとんどの日本人は、家族が亡くなってから初めて迎えるお盆を大切な日としてとらえているのではないでしょうか。ちなみに、四十九日の忌明けの前にお盆を迎えることになった場合は、翌年のお盆が「新盆」になるので、間違えないようにしましょう。

故人が仏になって初めて里帰りをするのが新盆です。だから、身内や親しい方を招いて、お寺でお経を上げてもらい、供養するのが一般的です。

新盆の作法としては、お盆の月に入ったら、

まずは、故人の霊が気持ちよく帰ってこられるようにお墓の掃除をしておきます。

続いて、自宅では、仏壇の前に盆棚(精霊棚)を設け、初物のきゅうりやなすなどの農作物で作ったお供物を飾り、供養膳に精進料理を盛りつける準備をします。盆棚には、果物や故人の好物の食べ物なども供えて、故人の霊を迎えるようにします。この飾り付けについては、地域や宗教によって異なるので、よくわからない場合は、こうしたことに詳しい近所の知人やお寺でアドバイスをしてもらうといいでしょう。

新盆には白い盆提灯

仏壇の前や家の玄関には、新盆用の白い提灯を、仏壇の脇には絵柄の入った盆提灯を飾るのが、昔からの習わしになっています。これは、仏になったばかりの故人の霊が迷わずにお家に帰ってこられるようにと、目印として用いられてきた古来からの方法なのです。

白い提灯は、新しい仏様を迎えるためのまっさらな提灯という意味合いで使われるので、新盆だけのものになります。新盆が終わったら、お寺に納めるか、「送り火」とともに燃やしてしまいます。

地域によっては、「**迎え火**」といって、お盆の入りに仏になった故人の魂を迎えるために玄関先で火(灯り)を焚いたり、ふたたびあの世へと送り出すための「送り火」を焚く習慣があるのです。

この提灯などの新盆用の品々は、仏具店はもちろん、デパートやスーパーなどでもシーズンになれば売り場に並ぶことが多いので、手軽に購入できます。

地域によって異なるお盆の期間

江戸時代まで、お盆は、旧暦の7月15日を中心に行なっていました。現代のカレンダーでは1ヵ月後ろにズレて、8月15日が中心ということになるのですが、これを「旧盆」と呼んでいます。

今は、東京などの都市部では7月13日から16日の4日間、それ以外の地域、特に地方では、8月13日から16日がお盆になっているところが圧倒的に多いようです。

いずれにしても、住んでいるところの習慣にしたがっていれば問題はありません。言うまでもありませんが、7月か8月のどちらかでお盆をすればいいので、2回行う必要はありません。

【新盆の準備と手順の一例】

【お盆の月に入ったら】

○お寺に新盆の法要の依頼をし、故人の霊が気持ちよく帰ってこられるようにお墓の掃除をします。

○一方、自宅では、盆棚、仏具などの用意を始めます。法事の招待客への返礼品や新盆用の提灯の準備もしておきましょう。

【新盆の前日（12日)】

○お供え物の準備をします。線香を立てるための灰などもきれいにしておきましょう。

【迎え盆（13日)】

○お盆の入りです。朝、位牌を仏壇から盆棚に移します。盆棚には、仏具、御霊膳、花、ナスとキュウリなどを供えます。

○お迎え提灯、お供え物、花、線香、ロウソクなどを準備しておきます。

○午前中に、家族そろって御墓参りに行きます。

○夕方、暗くなったら玄関先で「迎え火」をたいて、盆提灯を灯します。

【盆中日（14日～15日)】

○お盆中は灯明を絶やさないようにし、三度の食事は家族と同じものを供えます（地域によって異なります)。

○家族そろって御墓参りに行きます。

○僧侶を迎えて、新盆の法要の読経をしていただきます。

○法要に招待した方たちと会食をします。

【送り盆（16日)】

○お盆の明けの日です。故人の霊は午前中までわが家にいるとされているので、午前中、新たにお供え物をします。

○夕方、送り火をたいて、霊をお見送りします。「来年もお会いしましょうね」という気持ちを込めて送ることが大切です。

初盆の法要の手順

新盆の法要をする場合は、まず、事前にお寺の都合を確認して、申し込みます。**お寺にとって、お盆は一番忙しい時期です**。たくさんの法事が重なっているはずなので、**早めに連絡をして、予約する必要があります**。

日程が決まったら、来ていただきたい方たちに連絡をし、出席人数を確認します。その人数に合わせて、会食の準備を進めます。

ろうそくや線香などはもちろん、招待した方への返礼品の準備もしておきましょう。包装は、ギフト専門店やデパートなどで「新盆用に」と頼めば安心です。

お経を読んでいただくお寺さんへのお布施も用意しておきましょう。

お経が済んだら、茶菓子などで僧侶をもてなし、用意をしていたお布施を渡します。お布施の金額は、事前に予約したときに確認しておくようにします。

新盆の法要のあと、参列者で会食をします。

迎え火と送り火

お盆の入りの13日の夕方に、家の玄関先でおがらを焚いて、家族一同そろってご先祖や、故人の霊をお迎えするのが**「迎え火」**です。具体的な段取りがわからなければ、近所の年長者に尋ねるか、近くのお寺で聞いてみるといいでしょう。宗派によっても方法が違っていたり、やり方に地域差もあるので、確認したほうがいいでしょう。たとえば、浄土真宗では、原則的に迎え火で霊をお迎えする考え方や習慣はないのです。

お盆の最後の16日の夕方は、霊をふたたびあの世に送り出すために**「送り火」**を焚きます。「また、来年もお会いしましょうね」という気持ちで送り火を灯し、霊を見送ることが何より大切です。

春と秋のお彼岸

お彼岸とは

「暑さ寒さも彼岸まで」という言葉をよく耳にします。お彼岸は、春と秋の2回あって、「春分の日」をはさんで前後3日間と、「秋分の日」をはさんだ前後3日間の、それぞれ1週間を「お彼岸」と呼んでいるのです。「春分の日」と「秋分の日」は、ご存知のように昼と夜の長さがほぼ等しくなる日で、「春分の日」を境に、夏至に向かってどんどん日が長くなり、逆に「秋分の日」を境に冬至に向かって日がどんどん短くなっていきます。だから、「暑さ寒さも彼岸まで」という格言が生まれたわけです。

この「春分の日」と「秋分の日」には、もう1つ特別なことがあります。太陽が真東からのぼり、真西に沈む日でもあるのです。このことが、西方浄土の仏教思想で「仏の理想の世界がある向こう岸（浄土）」を意味する「お彼岸」と結びつき、さまざまな行事が生まれ、今日のように習慣化したようです。

お彼岸には、寺院で「彼岸会」という法要が営まれ、家庭では、仏壇に供え物をしたり、家族そろってお墓参りをしたりしてご先祖の供養をします。

春はぼたもち、秋はおはぎ

ところで、「ぼたもち」と「おはぎ」は、お彼岸のお供えには欠かせないものですが、これは、それぞれ牡丹と萩という季節の花になぞられているので、**春のお彼岸では「ぼたもち（牡丹餅）」**と呼び、**秋のお彼岸にお供えするときは「おはぎ（お萩）」**と呼ぶのが正解のようです。春のお彼岸で「おはぎ」と言ってしまうと恥ずかしい思いをするかもしれませんので、注意したいものです。

初彼岸の作法

四十九日の法要後、初めて迎えるお彼岸を「初彼岸」と呼んで、特にていねいに法要をすることになっています。

彼岸の入りに、仏壇を整えて、故人の好物を供え、家族や身近な人たちを招いて供養します。できるなら、僧侶を招いてお経をあげてもらうと、よりいい供養になるでしょう。

初彼岸のお墓参りは、法要に参加した人全員でするのが理想的です。お墓参りのあとで参加者全員で会食をするのもいいでしょう。しかし、お墓が遠い場合は、参列者全員でというわけには行かないので、後日改めて家族や近親者だけで墓参りをするようにしましょう。お墓参りの際には次のものを持参するのを忘れないようにしてください。

- ◯供花
- ◯お線香
- ◯お線香に火をつけるマッチかライター
- ◯お供え品（故人の好物）
- ◯お経をあげてもらう場合は、僧侶へのお布施

なお、最近の墓地の事情として、カラスなどに荒らされるという心配もあって、**墓前にお菓子や生もののお供えを禁じているケースもあります。**もし、生ものをお供えしても、お墓から帰るときに持ち帰るようにしてください。お花のお供えは問題ありません。

一周忌の法要の準備と手順

一周忌とは

　一周忌は、故人が亡くなった日からちょうど1年目の「祥月命日（しょうつきめいにち）」と呼ばれる命日に行なう法要のことです。年忌法要のなかでも、特に一周忌の法要は重要だとされています。
　大切な人が亡くなってからの1年間は、その人のことを思い出して悲しみにくれたり、相続やさまざまな手続きに追われて、日常生活もままならなくなります。一周忌の法要は、そうしたことが一段落するタイミングでもあり、気持ちの区切りをつけるためにも節目となる大切なイベントだと言えます。
　一周忌を終えれば、遺族の喪中期間も終わります。
　一周忌には、次のような行事を行なうのが一般的です。

【一周忌に行なわれる主な行事】

〔お墓参り〕
　お墓参りには決まった時期があるわけではありませんが、命日、祥月命日、お盆、お彼岸などの時期にお墓参りが行われます。一周忌は亡くなって一年目の大切な祥月命日であるため、お墓参りが行われることが多いようです。

〔納骨式〕
　納骨式は四十九日の忌明けに行なわれることが多いようですが、百箇日法要や一周忌にするケースも少なくありません。遅くとも三回忌までに納骨を済ませたいものです。

〔一周忌法要〕
　法事の日程は、法要の日が平日の場合は、

直前の土曜日か日曜日とするのが一般的になっていますが、一周忌の法要だけは、亡くなった日からちょうど1年目の同月同日に行ないたいものです。遺族、親族、友人、知人などが参列し、僧侶にお経をあげてもらい、一同で焼香をし、終わったあとで「お斎（おとき）」と呼ばれる会食をします。

〔お斎（おとき）〕

法要の際に、僧侶によるお経のあとに焼香が行なわれ、最後に感謝の気持ちを込めて会食をふるまいます。この食事を「お斎」と呼ぶのです。この「お斎」は、僧侶や参列者へのお礼の気持ちをこめたお膳であると同時に、参列者一同で故人を偲ぶための行事なのです。

一周忌の法要の準備をする

一周忌の行事のだいたいの流れがつかめたら、一周忌の法要の準備として何をすればいいのかを紹介しましょう。

〔寺院に連絡をする〕

まず、忘れてはいけないのが法要をお願いする寺院への連絡です。菩提寺があれば、そのお寺に連絡をして都合をうかがいます。お寺への連絡は、なるべく早くしておきたいもの。特に休日にお願いする場合、ほかの法要と重なることがあるので、早いに超したことはないのです。菩提寺がない場合は、葬儀のときにお世話になったお寺に頼むといいでしょう。

〔法要の日程を決める〕

お寺の都合を確かめたら、次に法要の日程を決めます。**一周忌の法要は、故人の「祥月命日（しょうつきめいにち）」に行なうのが正式**ですが、遺族の都合や集まってくれる親族知人の都合もあるので、ぴったりその日にできるとは限りません。その場合は、必ず「祥月命日」よりも早い日に設定します。命日よりもあとになってはいけないとされているのです。

〔会場を決める〕

続いて会場を決めます。一周忌の法要の会場になる場所は、寺院や自宅がもっとも多いのですが、ホテルや会館、法要の施設のある霊園などで行なうことも少なくありません。

菩提寺がある場合は、そのお寺と相談し、双方が納得できる場所で行なうようにしましょう。

〔お寺に正式に法要の依頼をする〕

会場や日程が決まったら、お寺に法要の依頼をします。遺族の代表者がお寺に出向いてお願いするのが理想ですが、電話でお願いしても大丈夫です。**出席者への連絡は、遅くても1ヵ月前にはできるように**、早めに準備にとりかかってください。

〔案内状を送る〕

法要の会場や日程などすべてが決まったら、一周忌の法要の案内状を書いて発送します。このとき、出欠の返事をしてもらわなければならないので、必ず返信用のはがきを同封するか、往復はがきを使うようにしてください。忙しい方も多いので、案内状は、少なくとも1ヵ月前までには発送したほうがいいでしょう。

最近の傾向として、一周忌の法要とはいえ、たくさんの人を呼ばずに、近親者だけで行なうことも多くなっています。どの範囲まで参列者を招待するのか、どんな法要にしたいのかを家族でよく話し合って、無理のないかたちで行なうことが大切です。

〔会食と引き出物の手配をする〕

出欠の返事が届いて人数が決まった時点で、早めに会食の手配をします。会食をしない場合は、折り詰め料理などの手配が必要になります。

料理は、めでたい席に出てくるような食材、たとえばタイやエビなどは、避けてもらったほうがいいでしょう。あらかじめ「一周忌の法要の会食です」と伝えておけば、それにふさわしい料理を出してくれるはずです。

引き出物もなるべく早めに手配しておきましょう。一周忌の法要では高価な引き出物にする必要はなく、お茶やタオルセットなど、実用的なものが選ばれる傾向にあるようです。お菓子でもいいのですが、できるだけ荷物にならないように、重いものは避けたほうがいいでしょう。もちろん、生ものも避けてください。

〔法要当日に用意するもの〕

一周忌の法要の当日に用意するものの一例は、お花、供え物、お布施などです。お寺によっても用意すべきものは異なるので、お寺で打ち合わせを行なうときに確認してください。

当日は、お経、焼香、法話、遺族の代表者の挨拶、会食という流れになりますが、通常は、お経の開始から法話までが1時間程度です。

三回忌法要とそれ以降の法要

三回忌とは

三回忌は、**亡くなってから満2年目に行なう法要**のこと。つまり、一周忌の翌年に行なう法要が「三回忌」になるのです。

この「三回忌」は「一周忌」と並んで、四十九日法要に次いで大切な法要だとされています。親族や知人を招き、規模の大きな法要を営むのが一般的になっています。

三回忌からの法要は「回忌」という数え方をします。そして、三回忌が満2年目の法要になるように、七回忌は満6年目に、十三回忌は満12年目というように、1年早く法要をするのです。

三回忌の法要の手順は、一周忌とほとんど同じで、遺族、親族、友人、知人などで供養を行ったあとに会食をするという流れも変わりません。

三十三回忌で法要は終了

三回忌が終わると、次は七回忌、その次は十三回忌、以降、十七回忌、二十三回忌、二十七回忌と続きます。そして、**三十三回忌で弔い上げ**となり、法要はここで終了するのが一般的です。

たまに五十回忌や百回忌という話もありますが、そんなケースは著名人などで特別にあることで、一般的には、三十三回忌でも珍しいというのが普通の感覚ではないでしょうか。七回忌以降は、遺族だけで行なうことが多いようです。

第四章 後悔しないための遺産相続の基礎知識

避けて通れない遺産相続

仲のよい家族でも
もめることの多い遺産相続

遺産相続でトラブルになるケースは、故人の財産が多ければ多いほど泥沼化する傾向があるようです。巨額のお金が舞い込んでくるかもしれないとなったら、誰しも血相を変えてしまうのは無理もないことです。

少人数の家庭で、子どもも孫もいないのなら、それほどややこしい話になることはあまりないのですが、子どもや孫も含めて何十人にもなる大家族のおじいさん、おばあさんが亡くなって、多額の財産を遺した場合は、みんなで仲良く話し合ってとはなかなかいかないものです。

かつては、仲が良かったはずのお相撲さん一家が、父親が亡くなったことで母と兄弟が骨肉の争いをしたのを覚えている方もいるのではないでしょうか。相続人同士で話が済んでいても、相続人の妻が怒鳴り込んできて話がまとまらなくなった、ということもよくある話です。

「財産と言えば家だけだから、相続で揉めることはないよ」と言っていた人が、実際の相続の場面では、家を売却しなければならなくなったということも現実にあるのです。遺産相続のイザコザで親族同士が揉めに揉め、修復不可能なボロボロの関係になってしまうのは、とても悲しいことです。

こうした**トラブルを回避するためには遺言書の存在が大きくものを言います**が、遺言書があるとき、ないときの問題も含めて、押さえておきたい相続の基本的な知識を紹介します。

遺産相続には借金も含まれる

遺産相続とは、故人（被相続人）の財産と意思が家族や血縁関係者（相続人）に受け継がれることをいい、単に「相続」ともいわれます。意外に思われるかもしれませんが、その**相続の中には借金も含まれている**のです。

人は亡くなると、財産は本人のものではなくなり、財産に関する権利や義務は相続人に移行するというのが法律の考え方です。銀行などの金融機関は死亡を確認すると、故人名義の預貯金口座を凍結し、相続人が確定するまで払い出しができなくなる処置をとるのも、こうしたルールを守っているからです。

不動産や株券、ゴルフの会員権などの名義が故人のままであっても、権利は相続人のものになり、すべての財産は相続財産となります。

相続税の課税が強化されることも知っておこう

相続税の最高税率は、平成26年までは50％ですが、27年1月からは55％に引き上げられます。

このように税率は、その都度見直しがなされるので注意が必要です。

また、定額控除についても、5000万円から3000万円に、法定相続人数比例控除も一人1000万円から600万円になります。

相続には3つの方法がある

相続人が被相続人（故人）の死亡の事実、あるいは財産の内容を知っていても知らなくても、原則として預貯金、不動産、株券などのプラスの財産だけでなく、借金などのマイナスの財産も相続することになります。もし、プラスの財産よりも借金の方が多くて、それをそのまま相続してしまうと、相続人は借金などの債務を返却しなければならないことになってしまいます。

そこで、法律（民法）では、相続人が相続によって故人の借金を背負い込み、苦しい思いをすることのないように、**「単純承認」「相続放棄」「限定承認」という3つの相続の方法**を用意しています。

相続人は、その3つの中から自由に相続方法を選ぶことができます。ただし、その期限は「相続の開始を知ってから3ヵ月以内」と決められています。

もし、**何の手続きもとらなかったら**どうなるのでしょうか？

そのまま3ヵ月が過ぎてしまうと、**プラスの財産もマイナスの財産もすべて相続する「単純承認」をしたことになってしまいます。**

つまり、故人の借金も相続人が抱えてしまうことになるのです。プラスの財産が多くて、借金が少ない場合はそれでも問題はありませんが、借金が多額の場合は、大変なことになってしまいます。こんなことにならないようによく考えて、メリットのある相続方法を選びたいものです。

メリットのある相続財産とは

相続してメリットのある財産には、次のようなものがあります。

○現金・預貯金
○株券・公社債
○債券（貸金、売掛金、未収金、手形、小切手など）
○不動産（土地、建物など）
○借地権、借家権
○動産（自動車、家財道具、貴金属、古美術品、絵画、骨董品、ペットなど）
○損害賠償請求書（交通事故など）
○特許権、実用新案権、意匠権、商標権、著作権

○退職金
○生命保険金（被相続人である故人が、自分自身を受取人とする保険契約を結んでいた場合）
○ゴルフ会員権など

デメリットが発生する相続財産とは

一方、相続がデメリットになる財産は、次のようなものです。
○借金・未払金・質掛金・手形や小切手などの支払い債務
○所得税・住民税・固定資産税・自動車税などの税金の未払い
○借金などの債務
○交通事故などの損害賠償責任

相続放棄と限定承認

預貯金や不動産などのプラスの財産よりも、借金などのマイナスの財産が大きくて、相続すると生活が脅かされるような状態になると判断をしたら、相続人の保護をはかるために設けられている制度の「相続放棄」か「限定承認」のどちらかを選ぶことになります。

相続放棄とは

相続人の意思によって、プラスの財産もマイナスの財産もすべて引き継がないようにするのが**「相続放棄」**です。当たり前の話ですが、資産は承認するけれど、負債は承認しませんと言うのは認められません。

通常の場合、「相続放棄」は、債務（借金）がプラスの財産よりも超過していることで選択しますが、財産をほかの相続人に相続させたい場合なども「相続放棄」をすることがあります。

【相続放棄の手続き】

相続放棄の手続きは、ほかの相続人に関係なく、それぞれの相続人1人の意思で、「私は相続放棄します」と宣言すればできます。ただし、**「自分が相続人になったことを知ったときから3ヵ月以内」に、家庭裁判所に対して「相続放棄申述書」を提出する必要**があります。

これを家庭裁判所が認めれば、「相続放棄陳述受理証明書」が交付され、この証明が相続放棄をした証となるのです。

もし、「相続人になったことを知った日から3ヵ月以内」を過ぎてしまった場合や、相続財産に手をつけてしまった場合は、相続の放棄はできません。

3ヵ月以内に相続放棄をするかどうかを決められない事情がある場合は、家庭裁判所に「相続放棄のための申述期間延長」を申請することにより、3ヵ月以内という期間を延長してもらえる場合があります。

【相続放棄をする場合の留意点】

相続を放棄すれば、その相続人ははじめから相続人ではなかったものとみなされますが、このことで、ほかの相続人のマイナス財産（借金）の相続分が増えたり、相続人が全員放棄するようなことになれば、次の順位の相続人に借金が移ってしまうことになります。つまり、**自分だけが故人の借金を背負うのを免れても、ほかの相続人がその分、大変な思いをする**ことになるわけです。こういう場合は、どんな相続方法を選ぶことが一番いいのか、相続人達で話し合って結論を出すことが必要です。

ちなみに、相続放棄をした人でも、生命保険金や死亡退職金は受け取ることはできますが、その場合は、全額が相続税の対象になってしまいます。

限定承認とは

相続をすると、あきらかにデメリットが大きい場合は「相続放棄」をすればいいのですが、メリットとデメリットのどちらが大きいかわからない場合は、借金や債務などのマイナスの財産を、プラスの財産から差し引き、それでも債務超過になる場合は、相続人の財産を持ち出してまで返済しなくても大丈夫ですよ、というのが**「限定承認」**です。

借金を支払って、なおかつ財産が残ったときには、その財産を相続者同士が遺産分割の手続きによって分配することになります。

【限定承認の手続きはどうするの?】

「限定承認」を選択する場合は、**相続の開始があったことを知ったときから3ヵ月以内に家庭裁判所に「限定承認の申し立て」をする必要**があります。「相続放棄」のときと違うのは、「相続人全員で申し立てをしなければならない」ことです。

限定承認は、家庭裁判所で受理されてから5日以内に、債権者にはその権利を請求するように通知し、故人にお金を貸していた人に対しては申し出るように公告しなければなりません。そういう手続きを踏んでから、債権者に相続財産から弁済をすることになるわけです。弁済をするために不動産などを競売する場合、その手続きはかなり複雑で面倒なことになることが多いようです。

借金を返済して、浮いた分の財産は相続人がもらえるわけなので、相続人にはとてもメリットのある合理的な制度に思えますが、手続きがやっかいで面倒なことから、「相続放棄」と比べると、あまり利用されていないのが現状です。

専門家のサポートが必要

こうした相続の一連の手続きには、やはり

司法書士や弁護士などの専門家のサポートが欠かせません。たくさんの書類を作成しなければならないので、慣れていない人にはまさに重労働。わかりにくい言葉も多いので、専門家に依頼するのが得策です。相続人の間で意見がまとまっていれば司法書士に任せ、相続人同士がもめているときや、「限定承認」など、手続きが一筋縄では行かなくて、ややこしい話がともなう場合は弁護士が適任のようです。

遺言書のある場合とない場合

遺言書の威力

テレビのドラマでも、相続で大揉めに揉めているところで、遺言書が出てきて一件落着というのはよくある筋書きです。現実の世界の遺産相続でも、まず、**故人の遺言があるのかどうかを優先的に確認することが必要**です。

相続人は、相続開始のときから故人の財産の権利や義務を承継しますが、相続人が複数いる場合は、その遺産はとりあえず複数の相続人の共有財産となります。この共有財産の状態を解消して、どの財産を誰が相続するかを決めて、相続人に分配する手続きを「遺産分割」といいます。この「遺産分割」で、決定権を持ち、大きくものを言うのが遺言書なのです。

遺言書を見つけたら

遺言書は次の3つの種類に分けられます。

①自筆証書遺言
②秘密証書遺言
③公正証書遺言

しかしながら、偽造の恐れがない「公正証書遺言書」以外は、家庭裁判所の**「検認」**が必要です。相続開始後にこれらの遺言書を見つけたり、保管をしている人は、すぐに家庭裁判所に「遺言書検認の家事裁判」の申し立てを行なう必要があります。「検認」は、遺言が故人の意思によって作成されたものかどうかを確かめ、遺言書の偽造や変造を防止するために必ず行なわれる手続きです。

遺言書の扱いは法律で決められていて、例えば、**遺言書が封印した状態ならば、勝手に開封してはいけない**ことになっています。必ず、家庭裁判所で相続人などの立ち会いのもとで、開封することに決められているのです。

もし、遺言書を発見した相続人が、自分の有利になるように偽造したり、故意に隠したりすると相続人の権利を失うことになります。

遺言があれば他人でも相続できる

遺言があれば、そこに指名されている人が相続人になります。相続人としての資格がなくても、まったくの他人でも、遺言に指名されていれば相続することができるのです。

一方、**遺言がない場合は、法律に基づいて、相続人の相続順位と相続割合が定められています。**いまの法律では、相続の範囲は、配偶者、直系の子どもや孫、父母や祖父母、兄弟姉妹の順になっています。

遺産分割には3つの種類がある

遺産分割の種類には、次の3つの方法があります。

①「遺言による指定分割」
②「話し合いによる協議分割」
③「家庭裁判所に申し立てる調停分割・審判分割」

故人の意思が尊重される指定分割

遺産を遺した故人が、遺言によって指示する分割法が「指定分割」です。これであれば、民法上の**相続人以外の人にも遺産を相続させることができます**。つまり、あかの他人でも相続することができるわけです。

遺言は、亡くなった人の意思を表したもの。だから、その遺言が法律に定めた方式であれば、それが最優先ということになるのです。

遺言がなければ協議分割

故人の遺言がない場合や、あったとしても相続分の指定のみをしている場合、遺言から洩れている財産がある場合には、相続人全員の話し合いで分割をします。これを「**協議分割**」と呼んでいます。この協議は、相続開始後ならいつ行なってもかまいません。

当事者同士の話し合いだけで、後々トラブルが起きる心配がないというのであれば、その内容を書面にして残す必要はありません。しかし、あとで「言った言わない」で揉めたり、いろいろ不満や要求が出てきたりすることも少なくありません。トラブルを避けるためにも、相続人全員が署名し実印で捺印した「遺産分割協議書」を作成しておくといいでしょう。

「遺産分割協議書」には、印鑑証明書を添える必要があります。この書類は、法的根拠を持つものとしてトラブルが起きたときに役に立ちますが、協議は相続人全員の合意があって初めて成立するものなので、1人でも欠けていれば、せっかく作った「遺産分割協議書」も無効になってしまいます。

協議分割には生前贈与も考慮する

故人から遺贈を受けたり、生活費として生前贈与を受けた場合の財産を「**特別受益分**」と呼んでいます。相続人の中で、この特別受益分を受けている人と受けていない人がいる場合、この特別受益分も計算に入れて分割協議を行なわないと、公平さを欠いてしまうことになります。

たとえば、こんなケースも考えられます。

相続人の和夫さんは故人から生前に、子どもの誕生祝いに祝い金として300万円をもらいました。同じ相続人の光男さんは、故人の生前にお金をもらったことがありません。

こうした場合、相続財産が現金で1500万円あるとすると、和夫さんと光男さんがきちんと公平に分けるには、1500万円に和夫さんがもらった300万円を足した1800万円を分割協議すればいいのです。公平に900万円ずつに分割するとしたら、和夫さんは生前にもらった300万円を引いて600万円、光男さんは900万円になるわけです。

未成年が相続する場合

相続人の中に未成年者がいる場合は、未成年者は法律行為ができないことになっているので、**法定代理人**（**親権者**）が代わって協議に参加します。

ただし、法定代理人である親権者も相続人になっている場合が多いので、そうした場合は、家庭裁判所に**「特別代理人」**を選任してもらう必要があります。

話し合いで決まらなければ調停・審判に

相続人による協議で話がまとまらなければ、相続人は何人かと共同で、もしくは個人的に、**家庭裁判所に遺産分割の調停を申し立てる**ことができます。

家庭裁判所では、まずは調停を進めますが、それでもまとまらない場合は、審判に移行します。

裁判と同じ効力を持つ調停

通常の場合、調停は、家事審判官1名と、調停委員2名以上の合議制で進められ、まずは当事者同士の話し合いによる解決をはかります。調停で相続人の意見が一致すれば、その内容が調停調書に記載されます。この**調停調書は、裁判の確定判決と同じ効力があるの**で、同意した以上は、相続人はこれに従わなければなりません。

最後の〝審判〟

調停が成立しない場合は、裁判所の判断によって分割方法を定めるように審判を申し立てます。裁判所は、当事者や利害関係のある人の言い分を聞き、調査をして遺産分割の決定をします。まさに最後の〝審判〟となるわけですが、ここまでこじれないように、話し合いで相続問題を解決したいものです。

相続が"争族"にならないように先手を打つ

仲の良かった兄弟が遺産相続でもめて、クチもきかなくなる…という実話は、掃いて捨てるほどよくあることです。遺言書さえあれば、そこまでの争いになることはほとんどありません。そのことを本人が理解してくれたなら、活用したいのが信託銀行が実施している「**遺言信託**」です。

これは、遺言書の作成の相談から保管、遺言内容の執行までを信託銀行がすべて引き受けてくれるというサービスですが、実は、従来かかっていた基本手数料の無料化が進んでいるのです。例えば、三井住友信託銀行は、平成26年6月から、同行との取引残高が5000万円以上の顧客を対象に、従来30万円だった手数料を無料にしました。取引残高のハードルは高いものの、遺言の相談から作成、執行までをトータルでサポートしてもらえるのは大きなメリットです。他の大手信託銀行も後を追って無料化に踏み切るとみられているので、調べてみるといいでしょう。

第五章

お墓を建てる

お墓の心配がかたづけばホッとひと段落

お墓はいつ建てるのが正解か?!

お墓はいつ建てればいいのか、というのは、お葬式のあとで持ち上がってくる大きな問題です。慌てなくてもいいとは思うものの、一方で、遺骨をできるだけ早く納骨してあげなければ気持ちが落ち着かないものです。

法律では、遺体の火葬は義務づけられていますが、埋葬場所は墓地と決められているだけです。ようするに、**遺骨のまま自宅に安置していても、お寺に預かってもらっても法律的には何も問題がない**のです。その意味では、お墓は絶対に必要というわけではありません。

とはいえ、公共の納骨堂に預けたり、海や山に遺骨を散骨する、いわゆる自然葬にするような割り切った考え方ができるなら別ですが、遺骨をちゃんとお墓に納骨してあげて、お彼岸やお盆にはお墓参りもして、故人の霊をずっと供養し続けたいと考える人にとっては、お墓はとても大事な存在です。

お墓は一周忌か三回忌を目安に

では、このお墓を建てるには、いつがいいのでしょうか?

お墓は、永代使用料から墓石までいれれば数百万円もするものですし、ある意味、家を建てるようなものだともいわれているので、慌てて決めてしまわないことです。立地や交通の便を考えて物件探しをしたり、不動産業者と契約を交わし、マンションなら管理費も払わなければなりません。お墓も、家族や親戚がお参りに行けるところを選び、環境などの立地条件も考慮して選びます。

また、お墓を建てるためには石材店と契約しなければなりませんし、毎年管理費も納めなければならないのも同じです。納骨だけが目的ではないのですから、慌てて決めないほうがいいのです。

よく四十九日の忌明けにお墓に納骨するのがよいといわれていますが、もともと先祖代々のお墓があったり、「寿陵《じゅりょう》」と言って、生前からお墓を用意している場合に限定されると思ったほうがよいでしょう。新たにお墓を建てなければならない場合は別です。納得のいく立地条件の霊園を探しだし、そこからさまざまな手続きをするのに時間が必要なので、四十九日の忌明け法要に間に合わせるのはまず無理な話だと思ってください。**一周忌、あるいは三回忌までにお墓が建てられたらという気持ちでのんびりかまえ、焦らないことが大切**です。

実際、新たにお墓を建てる場合、一周忌や三回忌法要を目安にお墓を作り、納骨しているケースが多いようです。

墓地のいろいろ

墓地には公営・民営・寺院墓地がある

あくまでも一般的な分類になりますが、**墓地には、「公営」「民営」「寺院墓地」の３種類があります**。「公営」というのは、各都道府県や市町村が管理運営している公営墓地のことです。「民営」は、宗教法人などが事業主体となって運営している墓地で、石材店や土地開発会社などが出資しているケースが多いようです。「寺院墓地」とは、文字通りお寺が管理する墓地のことで、お墓を建てるには、檀家になることが必要条件となります。

遺骨がないと申し込めない人気の公営墓地

都道府県、あるいは市町村が管理する**公営墓地は、一般的に永代使用料や管理料が安い**のでとても人気があります。ただし、申し込みには、ほとんどのところが**「遺骨が手元にあること」**を条件にしています。つまり、**生前に購入することはできない**わけです。

もちろん、遺骨を納めるためにお墓を探しているわけですから、その条件にはぴったりあてはまるのですが、ほかにも分骨ができなかったり、住民票があれば原則的に誰でも利用できるものの、一定年数以上その住民票の所在地に居住していなければならないなどの縛りがあるところもあるのです。

しかも、条件を満たしていて、たとえ申し込むことができたとしても、抽選で、かなりの高倍率を突破しなければなりません。最近は、土地の制約などもあって、募集するお墓の数も少なくなっています。

公営墓地の募集は、年1回のペースで行なわれていますが、希望者が多く、なかなか当たらず、いつまでも自宅に遺骨を置いておくことを覚悟しなければなりません。めげずに毎年応募し続けてもいいのですが、必ず当たるという保障はありませんから、並行して民営墓地や寺院墓地も検討しておく必要があります。

誰でもお墓が建てられる民営の墓地や霊園

財団法人や宗教法人が事業主体となって運営管理されているのが民営の墓地や霊園です。そのバックには、土地開発会社や石材店、葬儀社などがくっついていることが多いようです。したがって、民営墓地にお墓を建てることになったら、こうした会社が信頼できる企業なのかどうかを、ぜひ確認してください。

民営墓地の最大の魅力は、購入資格が特に必要なく、誰でもお墓が建てられることです。公営墓地のように「遺骨があること」などの制約もないので、**生前に購入しておくこともできます。**

しかも、その多くは郊外型だったり公園型になっていて、環境や景観にも配慮があり、緑豊かな広大なスペースの中にゆったりと墓地がつくられています。ただし、その分、公営墓地に比べるとかなり高価になっています。購入にあたっては、費用はもちろんですが、交通のアクセス、立地環境、管理やサービスのクォリティも見逃さないようにしたいものです。

檀家になる必要がある寺院墓地

お寺の敷地にあって、お寺が管理している寺院墓地にお墓を建てる場合は、檀家になる必要があります。しかし、最近は、「檀家でなくてもかまいません」と表明して、新規募集している寺院墓地も少しずつ出てきました。とはいっても、まだまだ檀家になることが必要条件になっている墓地がほとんどで、このほかにも、次のような条件を満たさなければなりません。

○宗旨・宗派が一致すること
○継続して寺院とおつき合をすること

なかには、紹介者がいなければ認められないとか、身元調査をする例もあるようです。

しかし、寺院墓地にはかえがたい魅力もあります。荘厳な本堂で法要が行えますし、お寺の中にお墓があるという安心感です。都市部の寺院墓地は、公営墓地同様、ほぼ満杯状態で、一部には納骨堂をつくって対応しているお寺もあるほどです。

お墓探しのコツ

お墓探しの5つのポイント

お墓を建てるのは家を建てるのに似ているとお話しましたが、いい物件の探し方もよく似ています。漠然と探すのではなく、重要なポイントをしっかり押さえて探すようにしてください。**お墓探しで押さえておくべき5つの重要なポイント**を紹介しましょう。

【①立地条件はどうか】

お墓は建てて納骨すれば、それで終わりというわけではありません。お参りをし、故人を供養することが何よりも大切なことなのです。**家族はもちろん、ときには、親戚にもお参りをしてもらわなければなりません**。となれば、**交通の便を考慮**することはとても重要なポイントになります。電車やバスを使用した場合、車で行った場合など、さまざまなケースを想定して候補地を考えましょう。

また、**自然環境や日当りのよさも考慮**する必要があります。静かな場所、海や山が見渡せる場所、花や自然に囲まれた場所など、周辺環境を考えることも必要です。

【②価格はどうなのか】

お墓を購入する際には、まず、**霊園・墓地に支払う「永代使用料（土地の使用料）」**と、**毎年払い続けなければいけない「管理料」**があります。これに加えて、**石材店に支払う「墓石の費用（工事費なども含む）」**が必要です。

仮に、永代使用料が安くても、お墓の区画が広ければ墓石をたくさん使用することになるので、当然ながら工賃も墓石費用も高くなります。費用の概算を出すときは、最終的な総額を把握して検討することが必要です。

【③お墓参りに必要な設備が整っているか】

霊園・墓地としての設備がきちんと整っているかをチェックします。**駐車場や水道の設備**がたくさんあるのは重要です。加えて、法**要の会場になる施設や休憩所**があれば、ゆっくり心落ち着いてお墓参りをすることができます。墓地の地形が傾斜している場合は、**バリアフリー対応**になっているかどうかも重要なポイント。今は、売店、レストラン、送迎バスなどの充実した設備やサービスを実施している霊園もあるので、こうした点も大きな判断材料になるでしょう。

【④管理・整備状況はどうか】

水はけや風通しなど、墓地の整備状況もしっかりチェックしましょう。墓地の施設をしっかり確認するためには**雨の日の見学がいい**といわれています。たとえば、カロート（納骨室）が地下にある場合は、雨水がそこに溜まりやすいので、**防水の程度や水はけなどの排水状況を確認**することができます。また、**お墓参り道具の整理整頓**が行き届いているか、植え込みや芝の手入れ、スタッフの決め細やかな対応など、管理や運営体制が整っていることも重要です。

【⑤宗旨・宗派が限定されていないかチェック】

墓地によっては、宗旨・宗派が限定されている場合があります。また、「過去の宗旨・宗派不問」としていても、お墓を建てたら特定の宗派に所属しなければいけない場合もあります。こうしたことが煩わしい人は、宗派を限定していたり、宗派への所属を求める墓地は避けたほうがいいでしょう。後々苦労することが目に見えているからです。

ちなみに、寺院墓地のお墓を購入する場合は、ほとんどの場合、檀家になることが条件となります。

お墓の経済学

お墓を建てるには、いくらかかるのか

墓地を買うのは、土地や家を買って自分の所有物にするのとは大きく異なります。**墓地を買うのは土地の所有権を「買う」のではなく、「永代使用権」を取得することです**。だから、支払う代金も「永代使用料」となるわけです。

永代使用料を墓地管理者に全額支払うと、「永代使用承認証」が交付されます。これは、埋葬のときや使用権の名義変更に必要なので、大切に保管しておくようにしましょう。

永代使用料は千差万別

「永代使用料」は、墓地の場所や地形、大きさなどで決まるので、価格はまさに千差万別です。一般に公営は民営よりかなり安く、同じ広さでも2倍以上価格差がある場合もあります。また、民営の同じ墓地でも、場所や広さによって価格が大きく違う場合もあります。

「お墓.com」が紹介している「墓石・墓地・霊園の価格相場」によれば、永代使用料と墓石価格を合わせたお墓の平均購入価格は、全国平均が約167万円、東日本の平均は約205万円、西日本は約153万円でした。

お墓を購入するには、「永代使用料」のほかにも、**管理料を年に1回払う必要があります**。これは、墓地の中の道路や水道、緑地、休憩所などの管理に使われるものです。金額は区画面積によって違ってきますが、4平方メートルで公営は年間2500円前後、民営なら1万円〜1万5000円程度です。**長年管理費が支払われなくなり、お墓の継承者が**

いなくなったと確認された場合、無縁墓地として整理されてしまいます。この時点で、永代使用権も消滅してしまいます。

気になる墓石のお値段

墓石も材質、産地、等級などの違いがあり、墓石の大きさや形状によって、価格にずいぶん差があります。もっともポピュラーな大きさと形状のものでは、100万円から200万円前後が目安になります。

「全国優良石材店の会」が実施した「2014年お墓購入者アンケート調査」でも、墓石の購入金額は100万円～200万円台が約49%と最も多いゾーンになっています。

高額な買い物なので、いろいろ比べてから決めたほうがいいのは言うまでもありません。ここにあげた全国平均も単なる目安でしかありません。予算を考え合わせて、納得の行く墓石を選んでください。ちなみに、ネットなどで紹介されているお墓の平均的な価格などは、だいたいですが次のようになっています。

永代使用料（平均）	全国 ……… 57万円 東日本 ……… 65万円 西日本 ……… 55万円
主要都道府県別永代使用料	東京都 ……… 112万円 神奈川県 ……… 75万円 千葉県 ……… 64万円 埼玉県 ……… 50万円 愛知県 ……… 73万円 大阪府 ……… 84万円 京都府 ……… 67万円 兵庫県 ……… 58万円 広島県 ……… 52万円 福岡県 ……… 46万円

※ウェブサイト「お墓.com」の主要都道府県別「永代使用料」を参照に抜粋（2014年8月掲出時点）

墓の平均価格 永代使用料＋墓石価格	全　国……167万円 東日本……205万円 西日本……153万円
主要都道府県別の 永代使用料＋墓石価格 （平均）	東京都……278万円 神奈川県……206万円 千葉県……222万円 埼玉県……185万円 愛知県……169万円 大阪府……210万円 京都府……156万円 兵庫県……174万円 広島県……131万円 福岡県……164万円
墓石価格（平均）	全国……110万円 東日本……136万円 西日本……101万円
主要都道府県別の墓石価格（平均）	東京都……167万円 神奈川県……131万円 千葉県……158万円 埼玉県……135万円 愛知県……96万円 大阪府……126万円 京都府……116万円 兵庫県……116万円 広島県……79万円 福岡県……118万円

（※サイトの「お墓.com」の主要都道府県別「全国平均永代使用料＋墓石価格」と「墓石価格」から抜粋）

付録

お葬式に使われる用語事典

【後飾り】（あとかざり）

火葬場から戻ってきた遺骨を安置する祭壇のこと。二段か三段の作りにすることが多く、上段に遺骨を置き、下段には遺影・位牌・香炉・燭台・線香・花・供え物・鈴などを置きます。四十九日の忌明けまで焼香して故人の冥福を祈ります。

【後返し】（あとがえし）

香典返しのひとつの方法。香典返しは、お香典をいただいた方に返礼品を贈ることですが、葬儀の当日に品物をお渡しする「即日返し」と、四十九日の忌明けの後で、お香典の額に見合った品を贈る「後返し」があります。

【遺影】（いえい）

故人を偲ぶための写真や肖像画のことです。スナップ写真から本人だけを抜き取って使われる場合が多いですが、なるべく大きく鮮明に写っている写真を選びます。

【遺骨】（いこつ）

火葬して骨になった亡き骸。「一体（たい）」または「一柱（はしら）」と数えるのが通例になっています。火葬から骨壺に収められた遺骨は、通常四十九日まで自宅に安置、あるいは寺院に預けられ、墓地に埋葬される流れになります。

【遺族】（いぞく）

故人の家族のこと。一般的には、故人の両親や配偶者、子ども、兄弟姉妹のことを指しますが、法的に婚姻関係にない事実婚の配偶者を含める場合もあります。

【遺体搬送】（いたいはんそう）

ご遺体を寝台車（遺体搬送車）で、病院などから自宅や斎場の安置場所に運ぶことを言います。通常は葬儀社に連絡をして手配しますが、葬儀社を決められない場合は、病院と提携している葬儀社に搬送してもらうこともできます。

【一膳飯】（いちぜんめし）

故人の枕元や祭壇に供えるもので、「枕飯」とも呼ばれています。生前に使用していた茶碗にご飯を山盛りにして、二本の箸を中央に垂直に立てます。火葬の日まで毎日作り替えるのが習わしです。

【一周忌】（いっしゅうき）

故人が亡くなってからちょうど一年目の日。命日のこと。その日に行なう大事な法事のことも「一周忌」と言います。「一回忌」、「一年忌」と呼ばれることもあります。

【位牌】（いはい）

故人の戒名を記す木製の札のことで、仏壇に祭ります。葬儀に用いる白木の位牌は仮の位牌で、四十九日の法要までに漆塗りの「本位牌」に作り替えます。この「本位牌」は、僧侶によって「魂入れ」をしていただきます。

【院号】（いんごう）

「院」の字がついている戒名のことです。生前に寺院に貢献した人、社会的な貢献度の高い人が、戒名の上位としてつけられます。院号をいただく場合は、通常の戒名よりもお布施を多くするのが一般的です。

【院殿号】（いんでんごう）

戒名の一つ。足利尊氏が戒名につけたのが始まりとされていますが、江戸時代以降、院号よりも院殿号のほうが格上とされています。いずれにしても、仏教への信仰心が篤く、寺を建立して寄進するほどの人に贈られる最上位の戒名です。

【引導】（いんどう）

仏教の言葉で、死者を導き、悟りの道に入らせることを言います。導師が最後の宣告をし、法語によって現世への思いを断ち切らせ、悟りを得るようにします。宗派ごとに作法が異なります。「引導を渡す」という言葉でよく使われます。

【盂蘭盆】（うらぼん）

先祖の霊を家に迎え、供養する行事のこと。元々は、中国で、苦しんでいる亡者を救うための仏事として7月15日に行われていました。それが日本に伝わり、祖先の霊を供養する仏事となりました。

【永代供養】（えいたいくよう）

故人の供養のための法要を、永代に渡って寺院が営んでくれることを指します。寺院が存続する限り、僧侶が定期的に墓地を保守管理する意味でも使われます。

【永代供養墓】（えいたいくようぼ）

お墓参りやお墓を守る人がいなくても、お寺が永代に渡って供養と管理をしてくれるお墓のことです。家族の責任で墓を守るのではないため、承継の問題は発生しません。

【永代使用】（えいたいしよう）

墓地の使用権を示す言葉です。一般的に、お墓は永久に使用を許可されるわけではなく、承継者がいるかぎり期限を定めずに使用が許可されます。この使用を許可されたとき、使用者は永代使用料（寺院によっては永代供養料）を支払います。

【エンジェルケア】（えんじぇるけあ）

遺体の清浄や汚液が出てこないようにする綿詰め、死に化粧や衣服の着せ替えまで、遺体をきれいに整える処置のことをいいます。

【エンディングノート】（えんでぃんぐのーと）

人生の最後を迎えるにあたり、ご自身の思いや希望を家族にきちんと伝えるためのノートのことです。エンディングノートをどこにしまってあるのかを家族に伝えておくことが大切です。

【エンバーミング】（えんばーみんぐ）

遺体を消毒・防腐・化粧・修復処理をして、保全する処置のことです。処置後十日間程度は、腐敗などの遺体変化が生じることがありません。主に、死後に長距離移動が必要な場合、修復が必要なときなどに用いられます。

【エンジェルメイク】（えんじぇるめいく）

亡くなった方をきれいにメイクを施して、生前の顔の表情に近づけてあげるお化粧のこと。「死に化粧」と同じ意味ですが、最近は「エンジェルメイク」と呼ぶことが多くなっています。

【おくりびと】

死後の世界に旅立つお手伝いをする「納棺師」などのことを指します。湯かんの儀による全身のお清めから、美容などのエンジェルメイク、衣装を整え、旅支度などをして、生前に近い状態で棺に納めてくれます。

【お布施】（おふせ）

僧侶（お坊さん）から戒名や読経をいただいたお礼として金品を渡します。これが「お布施」です。読経や戒名の対価ではないので、決まった金額というのはありません。

【お別れ会】（おわかれかい）

葬儀の後、二～六週間程度経過した頃に、関係者や知人などが集まって追悼の会を持つことをいいます。この場合、葬儀は近親者だけで行なうケースが多いようです。軽食をとりながら故人を偲ぶ会の場合もあります。

【開眼供養】（かいげんくよう）

新しい仏壇、仏像などを使い始めるときに、眼を描き入れたりして仏に魂を迎え入れる儀式のことを指します。

【改葬】（かいそう）

一度納めた遺骨を他の場所に移すこと。移動前の墓地等のある市町村の役場や役所から、「改葬許可証」を受け、移動先の役場や役所に提出する手続きが必要です。

【会葬】（かいそう）

お葬式に集まって参列し、弔意を表すことをいいます。

【会葬返礼品】（かいそうへんれいひん）

葬儀に会葬した人にお礼状を添えて手渡す礼品のことです。香典をいただいていない場合でも、葬儀に参列していただいた全員に渡すようにします。「粗供養」ともいいます。

【会葬礼状】（かいそうれいじょう）

お葬式の後、葬儀に参列していただいた方に出すお礼状のことです。最近は、通夜や告別式のときに受付などで手渡すことが多くなっています。一般的に、清めのお塩、ハンカチなどをセットにして渡します。

【戒名】（かいみょう）

仏の弟子となったことを表す名前のことをいいます。仏の弟子として浄土に往生するために、主に、菩提寺の僧侶から故人にこの戒名をつけてもらいます。浄土真宗では戒名とは言わずに法名と呼んでいます。

【海洋葬】（かいようそう）

自然葬の中の一つで、火葬後の遺骨を海に撒いて供養すること。法律で明確な規定がされているわけではありませんが、極端に陸地に近かったり、漁場のそばなどは避けるようにし、遺骨とわからない程度に細かくする配慮が必要です。

【火葬】（かそう）

遺体を焼却して、残った骨を葬ること。通常、死亡届とひきかえに役所より交付される火葬許可書が必要。

【火葬許可証】（かそうきょかしょう）

遺体を火葬する当日に、火葬場の管理事務所に提出する書類のことです。この書類がないと火葬することができません。

【火葬許可申請書】（かそうきょかしんせいしょ）

自治体に死亡届を提出する際に、埋葬許可、あるいは火葬許可の申請が必要です。その申請を行なうための書類が「火葬許可申請書」です。

【火葬場】（かそうば）

遺体を火葬する施設のことです。東京などには民営火葬場もありますが、全国的には地方自治体が経営するものが多いようです。

【家族葬】（かぞくそう）

身内や家族など、ごく内輪で執り行なうもっとも規模の小さな葬儀のことです。よく似ている葬儀の形に密葬がありますが、密葬の場合、後日、本葬や告別式が行なわれることが多いのに対して、家族葬はこれのみで終了します。

【月忌】（がっき）

毎月の故人の命日にあたる日のことです。毎月の命日にあたる日に行う法要のことを「月忌法要（がっきほうよう）」といいます。

【合葬墓】（がっそうぼ）

家族単位ではなく、広く共同に利用する墓のこと。骨壷単位で収納するところと、骨壷から開けて、故人を特定できない形で収納するケースがあります。「永代供養墓」は、仏教的表現なので公営や民営では「合葬墓」と呼びます。

【仮通夜】（かりつや）

本通夜に先立って、家族や親族などの身内だけで行なう通夜のことで、故人が亡くなった当日に行われます。

【カロート】（かろーと）

墓石の下の地下部分に設けられている骨壷（箱）を収納する、コンクリート製の納骨スペースのことを指します。

【還骨法要】（かんこつほうよう）

火葬場から遺骨を迎える儀式のこと。遺族・会葬者が後飾りの祭壇の前に集り、僧侶に読経をしてもらいます。

【冠婚葬祭互助会】（かんこんそうさいごじょかい）

冠婚葬祭にかかる費用を、会員同士で助け合うという趣旨で始まった、通産省認可の組織です。全国に約三〇〇社あり、毎月、一定の金額を掛け金として積み立て、冠婚葬祭の費用にあてるシステムになっています。

【忌明け】（きあけ）

仏教では亡くなった日から七日ごとに「忌み日」があり、七回めの忌み日が終われば、魂が極楽浄土に旅立つとされています。それが「忌明け」で、一般に四十九日または五十日祭に忌明けの法要を行ないます。

【北枕】（きたまくら）

死者を自宅などの部屋に安置する際に、頭の向きを北の方向にすることをいいます。お釈迦様が亡くなったときの姿を模したといわれています。

【忌中】（きちゅう）

近親者が死亡した後、四十九日の忌明けまでの間、喪に服す期間のことをいいます。

【忌中札】（きちゅうふだ）

家族など生活をともにする身近な方が亡くなった際に、家の玄関に「忌中」と書いた札や幕を貼ります。その札のことを忌中札といいます。忌中であることをまわりに知っていただくためのものです。

【危篤】（きとく）

生命が危険な状態で、今にも死にそうなことを表す言葉です。

【供花】（きょうか）

故人に供える花のことです。故人の霊を慰めると同時に、祭壇や会場を飾る役割も果たしています。

【経帷子】（きょうかたびら）

仏式で死者を葬るとき、死装束として死者に着せる白い着物。

【享年】（きょうねん）

故人が生きた年数を「数え年」で表した言葉です。数え年には〇歳という考え方がなく、生まれた年が一歳で、毎年の元旦に一歳ずつ年が増えて行きます。

【近親者】（きんしんしゃ）

血縁関係の近い親族のことです。全く血縁関係がなくても、養子関係にある場合には、法律上近親者となります。

【釘打ちの儀】（くぎうちのぎ）

出棺に際して柩の蓋をし、遺族などの近親者によって釘を石で打って封じる儀式のことです。小石を使って、頭から足のほうに向かって行ないます。最終的には葬儀社のスタッフがしっかりと釘を打ってくれるので、軽く打つだけで大丈夫です。

【区民葬】（くみんそう）

二十三区の各自治体が葬儀社と提携して、区民を対象に提供している葬儀のことです。「葬具・葬送」は統一価格になっていますが、契約に定められていないものは各社のオプション価格になります。

【供物】（くもつ）

ご仏前に供える菓子、餅、果物などのことです。

【供養】（くよう）

故人の霊に供え物などをしてご冥福をお祈りすることです。供花、香典、供物は全て供養のためであり、葬儀や法事を行なうことも、会葬者に品物を配って徳を積むのも供養として行なわれているのです。

【献花】（けんか）

故人の霊に生花を捧げること。埋葬地や事故死の現場などで死を悼む行為として、花を捧げることは世界で広く行なわれています。日本の葬儀においては、キリスト教葬儀で仏教の焼香の代わりになる行為として始まりました。

【献体】（けんたい）

大学病院の医学部の解剖実習などのために、研究用に無償で遺体を提供することです。

【献灯】（けんとう）

神社やお寺に灯明（とうみょう）を奉納すること。あるいは、その灯明を指します。

【献盃】（けんぱい）

法要の後のお清めの意味です。

【公営墓地】（こうえいぼち）

地方自治体などの公共団体が経営する墓地のことです。一般的に住民に対して使用が認められています。

【公正証書遺言】（こうせいしょうしょゆいごん）

利害関係のない証人二名以上の立会いのもと、公証人に口述して作成する遺言のことです。遺言書は公証人役場に保管されるため、紛失などの心配はありませんが、内容などを秘密にすることはできません。

【香典】（こうでん）

線香や抹香、花の代わりに亡くなった人の霊前に供える金品のこと。急なご不幸による出費を、みんなで助け合おうという意味合いもあります。

【香典返し】（こうでんがえし）

香典や、供物をいただいた方へのお返しのこと。香典の金額の半額〜三分の一程度の品と挨拶状を添えて返すのが一般的です。

【合同葬】（ごうどうそう）

葬儀の主催が複数の組織にまたがったときの葬儀。遺族と会社、複数の会社、会社と団体などの組み合わせがあります。

【香炉】（こうろ）

お香や線香を焚くための器のこと。お仏壇にお祀りする仏具の中で、もっとも大切なものの一つとされています。

【告別式】（こくべつしき）

故人を弔う儀式である葬儀に対して、告別式は、故人との最後のお別れをする儀式のことをいいます。最近は、告別式と葬儀を一緒に行なうことも多く、その場合は、葬儀の後で、告別式を続けて執り行われます。

【心づけ】（こころづけ）

感謝の気持ちを表すお礼として渡すお金や品物のこと。チップ。葬儀にまつわる場合は、葬儀社のスタッフや霊柩車の運転手などに二千円～三千円の心づけを渡すことが多いようです。

【骨上げ】（こつあげ）

火葬が終わった後、遺族が中心になって遺骨を箸で拾い、骨壺に収めることをいいます。最後に喉仏を納めるのが一般的な習わしになっています。

【骨壷】（こつつぼ）

火葬の後、遺骨を収納する壷のことです。骨箱を使うケースもあります。

【御仏前】（ごぶつぜん）

仏前を敬う意味で使う場合と、仏前にお供えするという二つの意味があります。香典や供え物に書き添える場合は、四十九日の忌明けの後に「御仏前」を使い、それまでは「御霊前」とします。

【御霊前】（ごれいぜん）

故人の霊に捧げ供えるという意味合いで、通夜や葬儀、告別式でお香典などの上書きに「御霊前」が用いられます。四十九日の忌明け後は、故人が成仏するとされているので、御霊前ではなく「御仏前」になります。

【斎主】（さいしゅ）
神式の葬儀を司る最高位の神官のことをいいます。仏式では僧侶、キリスト教では牧師や神父にあたります。

【斎場】（さいじょう）
神仏を祭るため、あるいは祭礼行事のために設けられた、清浄な特別な場所のことを指します。今は、葬儀会場として使われる場所が「斎場」と呼ばれています。

【祭壇】（さいだん）
宗教的な儀式を行なうときに、神仏や霊を祀ったり、供物を捧げたりするための壇のこと。

【逆さごと】（さかさごと）
故人の衣装を左前に着せたり、遺体が横たわるふとんを天地逆さまにしたりと、葬儀に関するものごとは、通常とは逆に行なうことが多くあります。こうした通常と逆に行なうことを「逆さごと」と呼んでいます。

【逆さ水】（さかさみず）
葬儀の風習の「逆さごと」の一つで、湯灌（ゆかん）などの際に、水にお湯を注いでぬるくすることをいいます。

【散骨】（さんこつ）
遺骨をお墓に埋葬しないで、海や川、野や山に遺骨をまいて弔うことをいいます。かつては、散骨は違法行為だと思われていましたが、一九九一年に関係省庁から「法の規制外」という見解が発表され、注目を浴びるようになりました。

【三途の川】（さんずのかわ）
人が亡くなって、あの世に行く途中で、初七日に渡るといわれる川のことです。あの世とこの世の境界線という見方もあります。流れが異なる三途があり、生前の罪のいかんによって三途のうちの一つを渡るとされています。

【参拝】（さんぱい）
神社や寺院などで神や仏を拝むことをいいます。

【死後硬直】（しごこうちょく）
死亡後に、筋肉が化学変化によって硬直することをいいます。死後二〜三時間であごや首筋に硬直が始まり、半日程で全身が硬直します。

【四十九日】（しじゅうくにち）
仏教では、亡くなってから七日ごとに閻魔大王による裁きが行なわれ、四十九日目に極楽浄土に行けるかの判定がくだされることになっています。つまり、故人の霊は四十九日で成仏し、忌明けとなるのです。

【自然葬】（しぜんそう）

遺骨をお墓に埋葬するのではなく、海や川、野や山に散骨して自然に回帰させる葬礼の一つの方法。

【死体検案書】（したいけんあんしょ）

死亡した理由などについて記された書類のこと。死亡診断書と同じように死亡を証明する効力を持ちます。異常死などの場合、医師は死因を調べ、「死体検案書」を作成して二十四時間以内に警察署に提出しなければなりません。

【死化粧】（しにげしょう）

遺体を清め、整えて、安らかな寝顔に見えるようにお化粧をしてあげることをいいます。最近は、エンジェルメイクともいわれています。

【死装束】（しにしょうぞく）

遺体を納棺するときに着せる白い和服で、左前に着せるのが習わしになっています。しかし、最近は、故人や家族の希望で、生前によく着ていた好みの服をまとうことが多くなっています。

【死に水】（しにみず）

臨終したときに、茶碗に入れた水を箸に挟んだ綿やガーゼに浸して、亡くなった人の唇を拭ってあげることで、「末期の水」ともいいます。

【死亡広告】（しぼうこうこく）

新聞などを使い、死亡したことを広く伝えるための広告のこと。通常は、死亡年月日、享年、自宅、葬儀日程、葬儀の場所、喪主、葬儀委員長などの情報が記載されます。

【死亡診断書】（しぼうしんだんしょ）

死亡の理由について記された診断書のこと。死亡を証明する書類にもなる。

【死亡通知書】（しぼうつうちしょ）

亡くなった人の氏名や死亡した日、葬儀告別式の日時や喪主が誰であるかを連絡するための書面のことです。葬儀の前に、葬儀の日時や場所などを知らせる場合と、葬儀後に、死亡したことと葬儀を済ませたことを伝える場合があります。

【死亡届】（しぼうとどけ）

死亡診断書と一対になっている書類で、病院で受け取り、死亡後7日以内に役所の戸籍係に提出することが法律によって決められています。死亡届が受理されると、代わりに火葬（埋葬）許可証が発行されます。

【市民葬】（しみんそう）

各自治体が葬儀事業者と組んで、市民サービスの一環として実施している葬儀のことで、「葬具・葬送」が統一価格で設定されています。ただし、規約に定めたもの以外は各社のオプション価格になってしまいます。

【社葬】（しゃそう）

故人が会社に所属していて、特に功績があったり重要なポストにいた場合や、業務上の事故で亡くなった場合に、会社が主催して執り行なわれる葬儀のこと。当然ながら葬儀費用は会社が負担します。

【舎利】（しゃり）

遺骨、死骸、身体を意味するサンスクリット語の「sarira」から来ている言葉で、火葬にした後の遺骨、仏や聖者の遺骨のことです。仏舎利とは釈迦の遺骨を指し、塔に納めて供養します。

【自由葬】（じゆうそう）

宗教による形に縛られた葬儀ではなく、無宗教葬を選択して自由な方式で葬儀を行なうことをいいます。

【出棺】（しゅっかん）

告別式が終わった後に、遺体が納められた棺を霊柩車に乗せて火葬場に出発するまでのことをいいます。

【焼香】（しょうこう）

仏事の際に線香やお香を焚くこと。お香の煙には、霊前を清め供養するという意味があり、故人を弔うために香を焚きます。

【精進落し】（しょうじんおとし）

もともとは、四十九日の忌明けまで肉や魚を食べない精進料理から通常の食事に戻すことをいいます。現在では、火葬の後に行なう初七日の法要の際に、精進落しをすることが多くなっています。

【精進料理】（しょうじんりょうり）

肉や魚を使わないで、野菜など植物性の材料だけを使った料理のこと。

【祥月命日】（しょうつきめいにち）

故人の死後、一周忌以降の亡くなった月日と同じ月日のことをいいます。例えば、十月十日に亡くなった場合、毎年十月十日が祥月命日になるわけです。

【浄土宗】（じょうどしゅう）

十二世紀末から十三世紀にかけて活躍した法然によって開かれた仏教の一宗派。「南無阿弥陀仏」という念仏を口で称えることで誰もが阿弥陀仏の極楽浄土に往生できると説いている。

【浄土真宗】（じょうどしんしゅう）

親鸞聖人がおよそ八〇〇年前に開いた仏教の一宗派。釈迦の本心が説かれている経典は「大無量寿経」だけであるとし、このお経がすべての人々を絶対の幸福に導くと説いています。

【成仏】（じょうぶつ）

成仏とは「仏陀に成る」という言葉から生まれたもので、「この世に未練を残さず、あの世で仏になる」、「煩悩がなくなって、悟りを開いた状態」を指します。一般的には、死後に安らかな場所に生まれ変わるという意味で使われています。

【聖霊会】（しょうりょうえ）

聖徳太子の霊を祀る法会のことで、法隆寺や四天王寺などの聖徳太子と縁のある寺院で行なわれています。法隆寺では三月二十二日、四天王寺は四月二十二日に行なわれます。

【精霊棚】（しょうりょうだな）

盆棚ともいわれ、お盆に先祖や精霊を迎えるための棚のことです。お盆の間、台の上に仏壇から取り出した位牌、三具足を飾り、お供え物を置きます。

【除籍謄本】（じょせきとうほん）

役所にある除籍の記録を書面の形で発行してもらったものをいいます。除籍された人の名前には×印がされていて、他の戸籍に移動した人の名前にも×印が付けられています。

【初七日】（しょなのか）

故人が亡くなった日から数えて七日目のこと。初七日の法要は、この七日目に行なうのが正式ですが、最近は、遠いところから足を運んでいただく親戚などに配慮して、遺骨を迎える法要と一緒に済ませることが多くなっています。

【白木の位牌】（しらきのいはい）

葬儀のときに用いる木地のままの位牌のことです。戒名や没年月日などを記して、遺影とともに祭壇に安置します。四十九日の忌明け後はお寺などに納め、黒い漆塗りの本位牌を仏壇に安置します。

【真言宗】（しんごんしゅう）

空海（弘法大師）によって九世紀初頭の平安時代に開かれた仏教の宗派で、「密教」の教えを教義としています。

【清拭】（せいしき）

病院などで亡くなった場合に、アルコールを含ませたガーゼなどで身体を清める衛生上の処理を行なうことです。

【生前予約】（せいぜんよやく）

一般的には、ご自身が健康なうちに葬儀の内容や費用などを葬儀会社と相談をして、予約をしておく「生前葬儀予約」のことを指します。自身の意思が葬儀に反映されるのはもちろん、イザというときの家族の負担も軽減されます。

【世話役】（せわやく）

葬儀の執行に関わる人で、喪主や遺族以外の人のことを指します。友人や町内会の親しい人に協力を依頼し、世話役になってもらいます。世話役の代表は、受付、接待、会計係などを統括します。

【葬儀】（そうぎ）

葬送儀礼を略した言葉で、看取りから始まり四十九日の忌明けまで、一連の故人を葬る作業や儀式のことをいいます。

【葬儀会館】（そうぎかいかん）

葬儀、告別式、通夜が行なわれる施設のこと。公営のものと民間の葬儀事業社が運営する施設があります。

【葬儀告別式】（そうぎこくべつしき）

葬儀と告別式を一緒にする儀式のこと。葬儀は故人を弔い冥福を祈る儀式で、告別式は、亡くなった故人に最後のお別れをする儀式です。本来は異なるものですが、最近では、葬儀と告別式を一緒に行なうことが多くなっています。

【葬儀社】（そうぎしゃ）

葬儀や通夜を、祭事の執行を請け負う事業社のことです。それぞれの葬儀社にはそれぞれ特徴があり、得意・不得意な分野があるので、規模、予算、どんな葬儀にしたいのかを伝えて相談し、希望に見合った葬儀社を選ぶようにしてください。

【喪家】（そうけ）

家族が亡くなった家のこと、あるいは死者を出した家族のことを指します。

【葬祭業者】（そうさいぎょうしゃ）

葬儀を執り行なうサービスを提供する業者のことで、葬儀社と同じ意味で使われたり、葬儀社のスタッフを葬祭業者と呼ぶ場合もあります。

【曹洞宗】（そうとうしゅう）

禅宗の一つの宗派で、鎌倉時代に道元が伝えたとされています。本尊はお釈迦様で、座禅を修行の基本としていますが、悟りにはこだわらない宗派としても知られています。

【葬列】（そうれつ）

遺体を火葬場、あるいは墓地に運ぶ際に列を組むことをいいます。

【即日返し】（そくじつがえし）

葬儀告別式や通夜の当日に、会葬者に返礼品を渡すことをいいます。「当日返し」、「その場返し」とも言われています。

【尊厳死】（そんげんし）

尊くおごそかに死を迎えること。有効な治療法がないときなど、もはや回復の手だてがない場合に、生活の質を無視して延命治療をするのではなく、できるだけ自然な死を迎えるようにしてあげることです。

【荼毘】（だび）

仏教の言葉で、火葬のこと。「荼毘に付す」というのは、火葬をするという意味です。

【玉串奉奠】（たまぐしほうてん）

榊（さかき）の枝に紙垂をつけたものを使い、神前で神意を受けるために折念を込めて捧げることをいいます。神式の葬場祭では、弔辞の後に、斎主、喪主の順番で玉串の奉奠を行ないます。

【檀家】（だんか）

特定の寺院の信者になり、葬祭の関係を結ぶことでお布施などの経済的な援助を行なう家のこと。公家や武家がそれぞれ菩提寺をもったことから始まったとされています。

【中陰】（ちゅういん）

亡くなった後、次の生を受けるまでの状態を指します。一般的に、四十九日でこの中陰が終わるとされています。

【弔辞】（ちょうじ）

葬儀のときに披露する、故人との最後の別れの言葉です。故人を偲んで追悼し、生前の行ないを讃え、遺されたものの決意を述べます。

【弔電】（ちょうでん）

葬儀に参列できない場合などに打つ、お悔やみの電報のことです。

【弔問】（ちょうもん）

故人の遺族を訪ね、お悔やみを述べることをいいます。

【追善供養】（ついぜんくよう）

故人の冥福を祈って行なう供養のことです。七七忌の法事、百カ日、一周忌、三回忌などの法事も追善供養と呼ばれるものです。

【追悼ミサ】（ついとうみさ）

キリスト教のカトリックでは、亡くなった日から三日目、七日目、三十日目に、親族、親類、友人、知人が参列して、故人を偲びお祈りを捧げます。これを追悼ミサ（神を讃え、救いを求める典礼）といいます。

【通夜】（つや）

葬儀の前夜に、親族や知人が故人の霊を守り、慰めるためのものです。亡くなってから葬儀までに二夜ある場合は、死亡当日の夜は仮通夜にし、本通夜は翌日の夜に営まれます。

【通夜祭】（つやさい）

神式で行なわれる弔いの儀式。仏式の通夜にあたります。神社では行なわず、自宅や集会所、葬儀会場などで神社の神官を招いて営まれます。

【通夜振舞い】（つやぶるまい）

通夜に出席してくれた方々に、酒や食事でおもてなしをすること。本来は精進料理をふるまったが、最近は手間のかからない軽食にすることが多い。

【天台宗】（てんだいしゅう）
大乗仏教の一宗派で、法華経を根本経典としています。

【導師】（どうし）
葬儀において、僧侶の中でもっとも重要な役割をする僧侶のことです。一般的には、菩提寺の住職が導師を務めます。

【読経】（どきょう）
仏教徒の僧侶などが経典を声をあげて読唱すること。いわゆる、お経をあげることを表す言葉です。「どっきょう」とも読まれています。

【灯明】（とうみょう）
神仏に供えるともしび（灯り）のこと。昔は、松の油を用いた「松灯台」が使われましたが、今日では、電球で代用しているケースがほとんどです。

【土葬】（どそう）
火葬をしないで、そのまま遺体を土の中に埋葬する葬法。今の日本では、火葬が圧倒的に多く、土葬は、ほとんど行なわれていません。

【友引】（ともびき）
陰陽道（おんみょうどう）の「先勝・友引・先負・仏滅・大安・赤口」の六曜の中の一つ。仏教とはまったく関係がないのですが、陰陽道で「わざわいが友人に及ぶ」とすることから、この友引の日に葬式を出すことを忌むようになりました。

【ドライアイス】（どらいあいす）
炭酸ガスを圧縮して固体にしたもので、マイナス八〇度近い冷たさになります。葬儀で使うときは、遺体が腐らないように冷却するために用います。

【新盆】（にいぼん）
家族が亡くなってから初めて迎える盂蘭盆会のことです。親類縁者が盆提灯やお飾りを供えて、故人を偲ぶ習わしも残っています。

【日蓮宗】（にちれんしゅう）
日蓮大聖人を宗祖とする鎌倉時代に開かれた仏教の宗派です。「法華経」を聖典とし、「南無妙法蓮華経」の題目を唱えることによって成仏できるとされています。

【年賀欠礼】（ねんがけつれい）

家族が亡くなり、喪中の期間中に新年を迎えるときは、年賀状を出せないことを前もってお知らせするはがきのことです。十二月の始めには届くように心がけましょう。

【年忌法要】（ねんきほうよう）

一周忌、三回忌、七回忌、十三回忌などに法要を営み、故人の冥福を祈ることです。

【納棺】（のうかん）

遺体を棺に納めることをいいます。納棺の際には、故人が生前に大切にしていたものの中で、燃えやすいものを選んで一緒に入れてあげます。

【納棺師】（のうかんし）

遺体を棺に納めるまでの必要な作業を全般に請け負ってくれる職業の通称です。

【納骨】（のうこつ）

遺体を火葬にした後、骨あげした遺骨を納骨堂、またはお墓に納めて埋葬することをいいます。

【納骨堂】（のうこつどう）

遺骨を収蔵するところとして都道府県知事の許可を受けた施設のことです。遺骨を一時的に預かってくれるところもあれば、お墓のように長期間預かってくれるところもあります。

【野辺送り】（のべおくり）

葬列と同じ意味の言葉です。火葬場や埋葬の場まで故人の遺体に行列を作って付き添い、送ることをいいます。

【半返し】（はんがえし）

葬儀やお通夜のときにいただいたお香典の金額の、半分程度の品をお礼として返すことをいいます。

【彼岸】（ひがん）

川の向こう側を表す言葉で、こちら側がこの世であり、向こうの岸（彼岸）があの世を意味します。昼と夜の長さが同じ「春分の日」と「秋分の日」を日中として七日間を彼岸と呼び、墓参りをする慣習があります。

【棺】（ひつぎ）

遺体を収納する容器のことです。日本は、木製の棺が主流ですが、最近は、段ボールの棺もあります。

【柩】（ひつぎ）

厳密に言えば、「棺」は遺体の容器を指し、「柩」は、棺に遺体が収まっている状態をいいます。

【副葬品】（ふくそうひん）

火葬のときや納骨の際に、一緒に納める遺品のことです。

【服喪】（ふくも）

近親者が亡くなった場合、喪中の期間は、行ないを慎み、できるだけ派手な服装は避け、お祝い事への出席や、年始参りなどもひかえるのが通例になっています。服喪とは、こうしたことを表す言葉です。

【仏壇】（ぶつだん）

仏像や祖先の位牌を安置する、いわば家庭用の小さなお寺のことです。配置する場合は、神棚との向かい合わせになる位置は避けて、東向き、あるいは南向きが良いとされています。

【分骨】（ぶんこつ）

故人の骨を二ヶ所以上に分けて納めることをいいます。

火葬時分骨と、埋葬地（お墓）からの分骨があり、分骨証明書（埋葬許可書）は、火葬時の分骨は火葬場（自治体）に、埋葬地からの分骨は墓地管理者に申請します。

【法事】（ほうじ）

法要と同じ意味の言葉です。葬祭、追善供養の法要を意味することもあります。

【法要】（ほうよう）

故人の追善のために行なう仏教の儀式のことです。法事とも言います。

【菩提寺】（ぼだいじ）

先祖代々の墓や位牌を置き、葬式や法事を行なうお寺のこと。

【骨上げ】（ほねあげ）

火葬後に遺骨を箸で拾い、骨壺に納めることをいいます。遺骨は、足のほうから顔に向かって拾い上げて行き、最後に喉仏を納めます。

【盆】（ぼん）

盂蘭盆会（うらぼんえ）を略した言葉です。お盆には、死者の霊が帰るといわれています。東京などでは七月十五日前後に行なわれますが、旧暦に近い一ヶ月後の八月十五日前後に行なうところも多くあります。

【埋葬】（まいそう）

遺体を土中に埋め、葬ることをいいます。土葬は、都道府県の墓地に関する規則で制限されていることが多く、現代の日本では土葬をされているのは一％程度です。

【埋葬許可証】（まいそうきょかしょう）

死亡届を役所に提出した際に、火葬許可証が交付されます。この書類を火葬場に提出すると、火葬が済んだ後に日時を記入して返してくれます。これが「埋葬許可証」になっています。埋葬許可証は、埋葬の際には必ず必要な書類です。

【枕飾り】（まくらかざり）

遺体を安置したあとに、遺体の枕元に設置する小さな祭壇のことです。台を置き、その上に線香、燭台、花瓶のほか、コップに入れた水、枕団子、一膳飯などを飾ります。

【枕刀】（まくらがたな）

魂の抜けた遺体に悪い霊が入らないように、枕元や布団の上に「守り刀」として木刀をおくことをいいます。

【枕経】（まくらきょう）

枕飾りができたあと、納棺前に、死者の枕元で行われる読経のことです。通常、菩提寺の僧侶に依頼するのが習わしです。

【末期の水】（まつごのみず）

元々は、死に直面している人に含ませる水のことを「末期の水」といいました。しかし、今日では、亡くなってから、脱脂綿やガーゼで唇を濡らしてあげるのが通例です。死に水と同じ意味の言葉です。

【廻し焼香】（まわししょうこう）

葬儀やお通夜の会場が狭いときなどに、参列者がその場にいて、お盆にのせた香炉を順番に廻しながら焼香をすることです。香炉が回ってきたら、その場で一礼し、焼香した後に合掌して、隣の人に廻します。

【密教】（みっきょう）

大日如来を本尊とする真言密教の教えのことです。大乗仏教の思想を基盤とし、インドのヒンドゥー教の影響を受けて成立。日本には平安時代に、真言宗の開祖空海によってもたらされました。

【密葬】（みっそう）

内々でする葬儀のこと。密葬を行なった後に、社葬や偲ぶ会といった本葬を行なうことが多くあります。

【無縁仏】（むえんぼとけ）
弔ってくれる近親者がいないために、さまよっている霊魂のことをいいます。寺院によっては、無縁仏を供養する無縁塔があります

【無宗教葬】（むしゅうきょうそう）
特定の宗教儀式とは無関係の葬儀のこと。故人の好きだった音楽を流して追悼する音楽葬や、文学作品を朗読する文学葬など、故人や遺族の要望にそった葬儀が行なえます。ただし、葬儀社との綿密な打ち合わせが必要になります。

【冥土】（めいど）
亡くなった人の魂が行く迷いの世界。あるいは、そこまでの道程を意味します。この迷いの世界は、地獄、餓鬼、畜生、の三悪道とされていて、そこは暗く、苦しい世界なので「冥土」と呼ばれているのです。

【喪主】（もしゅ）
遺族の中で、故人の遺志を引き継ぎ、葬儀後も故人の供養を中心になって行なう人を指します。かつては長男など、その家庭のあととりが喪主になるのがしきたりでしたが、今日では配偶者がなる場合も多く見られます。

【喪章】（もしょう）
喪に服していることを示す黒色の腕章やリボンのことをいいます。弔問客が、喪服の代用として、この「喪章」を付けて参列することもあります。

【喪中】（もちゅう）
通常は、死後一年以内を、故人を偲び、行ないを慎む期間としてとらえ、結婚式などの祝い事に出席するのを控え、神社への参拝も控えます。この期間を「喪中」といいます。喪中に年を越す場合、正月の行事も控えるようにします。

【喪中はがき】（もちゅうはがき）
喪中に新年を迎える場合、前もって年賀欠礼の知らせをすることをいいます。年賀欠礼のお知らせを出さなかった人から賀状をいただいた場合は、松の内を過ぎてから、喪中だったことを伝えるはがきを出しましょう。

【喪服】（もふく）
葬儀、法事のときに着用する服のことです。喪服には正式喪服と略式とがあり、立場によって使い分けられるようになっています。

【遺言】（ゆいごん）

自分が死んだ後、相続分の指定などについて、法律的に効力を持たせるために、一定の方式にしたがって記録をしておくことをいいます。遺言書には、自筆証書遺言、公正証書遺言、秘密証書遺言の三つの方式があります。

【友人葬】（ゆうじんそう）

創価学会の会員の方たちが行なう葬儀のことです。

【湯灌】（ゆかん）

納棺にあたり、故人の身体を逆さ湯（水にお湯を注いでぬるめること）で洗い清めること。現在では、ガーゼや脱脂綿にアルコールを浸して拭き清める方法が主流になっています。

【臨済宗】（りんざいしゅう）

禅宗の一宗派で、鎌倉時代の僧、栄西が入宗してこれを伝えました。上流階級の間に栄え、五山文学や絵画・茶道などの文化を育てたことでも有名です。本山は京都の妙心寺で、金閣寺、銀閣寺なども臨済宗の寺院です。

【臨終】（りんじゅう）

人が息を引き取ろうとするとき、あるいは、息を引き取った直後のことをいいます。現在は、病院で息を引き取るケースがほとんどのため、臨終は、医師の立会いのもとで行なわれることが多くなっています。

【霊安室】（れいあんしつ）

病院や警察などに設けられている、遺体を一時安置する部屋のことです。長くは預けられないので、すぐに葬儀社に連絡して、遺体を自宅などに搬送します。喪家が遠い場合には、霊安室で遺族のみで仮通夜をし密葬にする場合もあります。

【霊柩車】（れいきゅうしゃ）

遺体を運ぶ専用の自動車のことです。病院から自宅への搬送に主として使用されるバン型（寝台車）、式場から火葬場への搬送に用いられる装飾を施した特殊仕様車などがあります。

【六文銭】（ろくもんせん）

三途の川の渡し賃として、故人の棺の中に入れる小銭のことです。中国をはじめ他の国でも、納棺する前に、お金などを持たせる慣習があります。

突然の葬儀マニュアル

編　　集　冠婚葬祭研究委員会
企　　画　株式会社フジックス
本文デザイン　バードッククリエーション株式会社

発 行 者　田仲 豊徳
発 行 所　株式会社滋慶出版／土屋書店
〒150-0001 東京都渋谷区神宮前3-42-11
TEL 03-5775-4471　FAX 03-3479-2737
E-mail shop@tuchiyago.co.jp
印刷・製本　創栄図書印刷株式会社

http://tuchiyago.co.jp